JN059636

MUSEUM BOOKLET

洞窟と考古学者

遺跡調査の足跡と成果

福井洞窟ミュージアム×公益財財団法人倉敷考古館編

雄山閣

ごあいさつ

　公益財団法人倉敷考古館の最初の展示室には、旧石器・縄文時代草創期の日本を代表する遺物として、福井洞窟の貴重な出土品が常設展示されています。来館者の中には福井洞窟の資料をご覧になって、「なぜ倉敷に遠い佐世保の遺跡の出土品があるのか？」と疑問に思われた方も多かったことでしょう。

　福井洞窟の所在する長崎県佐世保市と倉敷考古館の所在する岡山県倉敷市とでは500km以上の距離がありますが、この距離を超えて当時の岡山の若き考古学者たちが福井洞窟の発掘調査に関わっていたことをあらためて紹介できるよい機会となりました。

　福井洞窟の発掘がはじまった1960年代は戦後復興期から高度経済成長期へ移行していく頃で、開発に伴い発見された埋蔵文化財の保護の意識が高まりはじめる時期とも伺います。そのような時期に先駆的な学術的調査が行われ明らかになった成果は、人類の歴史の中で重要なものであるだけでなく、考古学の研究史のうえでも重要な記録であると思います。

　遺跡と別の場所、研究者と私たち、そして資料と研究成果を未来へ、考古館はそれぞれをつなぐ架け橋のようなミュージアムとしての役割があることを再認識し、このたびの連携企画展へ臨みます。岡山の研究者が福井洞窟や近隣の遺跡とどのように関わったのか、考古学の先人たちの思いが皆様に届きますように。

　「洞窟遺跡と考古学者」をテーマとした連携企画展に倉敷考古館にもお声がけいただきましたこと、佐世保市教育委員会、岡山理科大学、パートナー館ほか関係者の皆様にまずはお礼申し上げます。

公益財団法人 倉敷考古館

代表理事　大原 あかね

戦後、日本は目覚ましい経済発展を遂げてきました。敗戦を機に平和を願い、復興に向けて今日の繁栄という歴史を歩んできました。佐世保市も例外ではなく、軍港都市からの復興と再生に向けて「平和都市宣言」を行い、そこには今日の観光都市佐世保の指針が示されています。復興や発展の機運は経済活動だけでなく、学問研究にも大きな影響を与えてきました。

　戦前の歴史観にとらわれることなく、新たな発見・発掘調査が新たな時代像を築いていきます。とりわけ、日本考古学協会に設置された一連の特別委員会に参画された先学の諸先生方の研究によって、初めて九州各地に旧石器時代の存在が、また弥生文化の源流が明らかとなりました。

　その中でも、福井洞窟の発掘調査においては、「瀬戸内考古学の先駆者」鎌木義昌先生、「旧石器研究のオピニオンリーダー」芹沢長介先生をはじめ、多くの研究者が集い、新たな研究の進展に沸き立ち、大きなターニングポイントとなりました。

　そして、先生方の背中を追いかけながら調査に加わっていく「考古少年・少女」「考古ボーイ・ガール」と呼ばれた子供がいました。彼らは、団塊の世代として、その後の日本社会の歴史観や考古学の礎を築いていくことになります。

　今回は、各地の考古学者とその先生方が発掘した遺跡をテーマに、当時の考古学者が何を求め、土の中で奮闘していたのか、先生方の足跡を追いかけることで今日の研究の源流を探ってみました。

　ご執筆を快諾いただいた先生方や文化財担当職員方により、諸先生の業績が正しく評価され、顕彰されるとともに、ご賛同いただきました各展示会場の皆さまとの連帯により、情報が広域に重厚さをもって伝わるものと思います。

　結びになりますが、福井洞窟ミュージアムと公益財団法人倉敷考古館主催の連携企画展の開催にあたって、共同研究として事業推進にご理解とご協力を賜りました岡山理科大学の関係者の皆さま、また、ご後援をいただきました一般社団法人日本考古学協会をはじめ、各自治体のパートナー館の皆さま、本書の刊行にあたりご執筆いただきました先生方、地元吉井町の皆様をはじめ関係機関の皆様に心から感謝申し上げます。

佐世保市教育委員会

教育長　西本　眞也

第1章

洞窟遺跡
探究のはじまり

日本で洞窟遺跡の本格的な調査や発掘
が始まった昭和30年代。高度経済成長
期を迎えようとしていた日本の様相と、
そのころの日本考古学の動向を振り返
る。発掘黎明期をみてみよう。

高度経済成長と遺跡探究

昭和 30 年代 ×
考古学

Review of the Japan Archaeological
Society in the 1960s

1 昭和 30 年代という時代

　1956 年（昭和 31）、『経済白書』にはこう書かれている。「もはや戦後ではない」。日本は高度経済成長期を迎えようとしていた。国際社会への復帰を果たし、戦争の後遺症も少しずつ和らぎ国土開発・経済活動が積極的に進められるようになる。

　1960 年の池田勇人内閣では「所得倍増計画」が掲げられ、折しもベビーブームの子供らが青年期に突入していく。第二次世界大戦の敗戦により父親を亡くし、母一人で 7〜8 人の子供を育てる家庭も珍しくはなかった。その子供たちが成長し、地方からは「金の卵」と呼ばれる青年たちが都会に集団就職していく。都会には、繊維工場などの手工業で働き、地方で暮らす家族への仕送りをしながら、生計を立てていく若者が大勢いた。後に、その若者が都会で結婚し、生活する場所に選んだのが、集合住宅、所謂、団地である。家庭には三種の神器と呼ばれる白黒テレビ、冷蔵庫、洗濯機が並んだ。続いてカラーテレビ、クーラー、マイカーが「3C」と呼ばれ、それらを購入しようと懸命に働くサラリーマンが大勢いた。夜にはネオンサインの中で楽しむ若者も増えた。欲望が世代として高まる一方、開発による公害病や自殺者が急増するなど、自然や人の心の豊かさについても関心が高まっていった。

　昭和 30 年代、戦後の焼け野原から日本の礎が築かれ、新たな時代へ突入した。戦争から解放され、神話に基づく歴史観から自由になった時代に、遺跡や洞窟、土の中で奮闘していた考古学者たちは何を考え、何を求めていたのだろうか。

▲西海国立公園九十九島

1955年に国立公園となる。旧軍港
市転換法による観光都市を目指した
佐世保市の象徴。
（佐世保市教育委員会提供）

▶岩宿遺跡の発掘（1949年）
　　（明治大学博物館提供）

2 日本考古学の動向

　1945年の敗戦直後、1948年に日本考古学協会が設立される。戦後、復員
した考古学者らも加わり、静岡県登呂遺跡など弥生集落の実態が明らかとな
る。さらに、関東ローム層から相澤忠洋により旧石器が発見され、杉原荘
介・芹沢長介らによる岩宿遺跡の発掘は、新たな時代への扉を開いた。
　一方、1949年の法隆寺金堂の火災による壁画の焼損を受け、文化財保護
法が成立する中、高度経済成長に伴う国土開発により多くの遺跡で緊急調査
が行われる。学術調査か行政調査か、遺跡の保存と開発の板挟みの中、全国
各地で文化財保護運動が行われる。そうした中1959年、日本考古学協会に
旧石器文化の探究と弥生時代の起源を求め、西北九州綜合調査特別委員会が
立ち上がる。

（柳田裕三）

戦後の日本考古学と西北九州の洞窟遺跡

年代	歴史事項や世相	日本考古学界の動向	洞窟遺跡の発掘
1945（昭和20）	8月太平洋戦争が終結	旧石器時代の記載全くなし	
1946（昭和21）		登呂遺跡調査会（静岡）結成。岩宿遺跡（群馬）で相澤忠洋が石器発見	
1947（昭和22）	5月日本国憲法施行		嵩山蛇穴洞穴（愛知）
1948（昭和23）		4月日本考古学協会設立。登呂遺跡調査特別委員会	猪目洞穴（島根）
1949（昭和24）	1月日本学術会議が発足。1月法隆寺金堂の火災により壁画が焼損	日本考古学協会各種委員会が発足。岩宿遺跡を杉原荘介・芹沢長介らが発掘（〜1950）	大曲洞穴（北海道）
1950（昭和25）	8月文化財保護法が施行。「旧軍港都市転換法」制定。朝鮮戦争が勃発（〜1953）		九合洞穴（〜1962／岐阜）フゴッペ洞窟（〜1953／北海道）
1951（昭和26）	サンフランシスコ平和条約。日米安全保障条約調印	日本考古学協会、弥生式土器文化綜合研究特別委員会設置。茂呂遺跡（東京）の発掘。関東を中心にナイフ型石器文化を認識	吹浦遺跡（山形）
1952（昭和27）	日本主権を回復	茶臼山遺跡（長野）の発掘。関東以外に旧石器文化の広がりを認識	
1953（昭和28）	NHKテレビ放送開始。初のスーパーマーケット開店	上ノ平遺跡（長野）の発掘。矢出川遺跡（長野）で日本で初めて細石器を発見	
1954（昭和29）	第5福竜丸、ビキニ環礁での米水爆実験により被災。白黒テレビ、冷蔵庫、洗濯機が三種の神機と呼ばれる		
1955（昭和30）	アジア・アフリカ会議。家庭電化時代の到来		日向洞穴（1957・58・70／山形）
1956（昭和31）	日ソ共同宣言、国際連合加盟。高度経済成長へ。水俣湾で奇病多発	日本考古学協会、日本考古学辞典編纂特別委員会を設置。『日本考古学辞典』（東京堂出版、1962刊行）	鉈切洞穴・大寺山洞穴（千葉）
1957（昭和32）	7月諫早豪雨。「ストレス」が流行語になる	黄島貝塚（岡山）の放射性炭素年代値が約8400年と告げられる	
1958（昭和33）	明仁親王（現・上皇）婚約発表、ミッチー（美智子妃）ブーム。マイカー時代幕開け。インスタントラーメン登場	日本考古学協会、名神間高速道路工事対策特別委員会が設置され、原因者が発掘調査資金を負担する緊急調査を実施	小瀬ヶ沢遺跡（新潟）。竜河洞（高知）。一ノ沢洞穴（山形）
1959（昭和34）	9月伊勢湾台風。東海道新幹線工事開始。安保闘争開始（〜1960）	日本考古学協会、西北九州綜合調査特別委員会（委員長：杉原荘介）を設置	大浦山洞穴（〜1963／神奈川）
1960（昭和35）	池田勇人首相、所得倍増計画を閣議決定		室谷洞穴（〜1962／新潟）。神立洞穴（山形）
1961（昭和36）	ソ連宇宙飛行に成功。ガガーリン「地球は青かった」。ベルリンの壁構築		瓢箪穴洞穴（〜1962／岩手）。火箱岩洞穴（〜1963／山形）。上黒岩岩陰（〜1962・69・70／愛媛）。橋立岩陰（埼玉）
1962（昭和37）	貿易自由化。東京でスモッグ深刻化マスクをつけ登校。キューバ危機	日本考古学協会、洞穴遺跡調査特別委員会を設置（〜1967）。平城宮近鉄書庫問題。難波宮保存問題。	馬渡岩陰（〜1964／広島）。大浦山洞穴（神奈川）
1963（昭和38）	J・F・ケネディ暗殺事件	加曾利貝塚（千葉）周辺宅地開発	石小屋洞穴（長野）。寄倉岩陰（〜1966／広島）
1964（昭和39）	新幹線運行開始。東京オリンピック開催。マンション登場。海外旅行の自由化	日本考古学協会、加曾利貝塚調査特別委員会を設置。学際的な発掘調査を実施	観音堂洞穴（〜1967／広島）。不動ガ岩屋洞穴（〜1965／高知）。黒川神社洞穴（〜1965／鹿児島）。蛇王洞洞穴（岩手）
1965（昭和40）	日韓基本条約、国交正常化。ベトナム戦争開始	日本考古学協会、埋蔵文化財保護対策特別委員会を設置。遺跡の保存を求める活動へと発展	出羽洞穴（〜1966／宮崎）。栃原岩陰（〜1976／長野）

西北九州ほかの発掘調査	研究活動ほか
	長崎県域旧石器遺跡を踏査(瀬尾泰平・井手寿謙)
	平戸学術調査(京都大学樋口隆康)
	黄島貝塚・黒島貝塚・田井長崎鼻遺跡(〜1948／岡山／鎌木義昌)
下城遺跡(大分／賀川光夫)	伊木末遺跡(香川／鎌木)、大内田貝塚(岡山／鎌木)
安国寺遺跡(大分／賀川)	九州文化総合研究所設立
	佐世保市「平和宣言」。11月倉敷考古館開館。渡辺仁が「所謂石刃と連続割裂法に就いて」『人類学雑誌』で日本の細石刃文化に否定的見解を示す。
板付遺跡(福岡／杉原)	倉敷考古館主事に鎌木就任。茂呂遺跡(東京)で杉原、芹沢、鎌木らが集う。
	鷲羽山遺跡(〜1954／岡山／鎌木)
早水台遺跡(大分／賀川)	杉原が先土器編年を発表する
弥勒寺跡・虚空蔵寺跡(大分／賀川)	佐世保市政五十周年記念事業「産業文化館」建設。展示品の調査で古田正隆、松瀬順一、井手らの資料が佐世保市に。芹沢が旧石器編年を発表する。矢出川遺跡(長野／芹沢)。井島遺跡(岡山／鎌木)
	九十九島西海国立公園に指定。日向洞窟(山形)で押圧縄文土器の発見。山内清男「始原土器」を認識。卯ノ木遺跡(新潟)でも同資料。本ノ木遺跡(新潟)の発見。
烏帽子岳満場西方ノ池調査(長崎／古田)	杉原『群馬県岩宿発見の石器文化』。本ノ木遺跡(新潟／芹沢)
白潟遺跡(大分／賀川)	杉原・芹沢『神奈川県夏島における縄文文化初頭の貝塚』。芹沢「先史時代1無土器文化」『考古学ノート』1(日本評論新社)。河内国府遺跡 (大阪／鎌木)。本ノ木遺跡(新潟／山内)
琉球沖縄考古調査(沖縄／賀川)	荒屋遺跡の発掘(新潟／芹沢・麻生ら)。神子柴遺跡の発掘(長野／芹沢)
	4月鎌木・芹沢・相澤ら九州旧石器遺跡を訪探。長崎で古田、井手と出会う。杉原が夏島貝塚(神奈川)の放射性炭素年代値が約9,240年前と知る。
福井洞窟1次(長崎／鎌木・芹沢)。直谷岩陰(長崎／高橋・間壁)。三年山遺跡(佐賀／杉原)	佐世保市「平和都市宣言」。鎌木・芹沢「長崎県福井岩陰遺跡」『直谷岩陰』『日本考古学協会第26回総会 研究発表要旨』。福井洞窟で多くの研究者が集う
遠目遺跡(長崎／鎌木)平柄良遺跡・鈴桶遺跡(佐賀／杉原)	長崎県文化財保護条例制定。シンポジウム「洞穴遺跡の諸問題」(日本考古学協会第28回総会)。日本考古学協会大会にて「長崎県山寺遺跡調査」発表
聖嶽洞穴遺跡(大分／賀川)。百花台遺跡(長崎／麻生)	『長崎県遺跡地名表』県報告書第1集刊行。洞穴遺跡調査会報。鎌木「長崎縣福井遺跡調査の問題点」『日本考古学協会第28回総会 研究発表要旨』。杉原・戸沢充則「佐賀県伊万里市中ノ子遺跡良の石器文化」『駿台史学』12号。長者久保遺跡(青森)で神子柴遺跡(長野)と同様の石器群を確認。山内・佐藤達夫「神子柴長者久保文化」を提唱
福井洞窟2次(長崎／鎌木・芹沢)。三会下町干潟遺跡(長崎／和島)。百花台遺跡(長崎／麻生)	鎌木・芹沢「長崎県福井洞穴の第2次調査略報」『洞穴遺跡調査会会報』6。芹沢が東北大学助教となる。矢出川遺跡3次発掘(長野／芹沢)
福井洞窟3次(長崎／鎌木・芹沢)。岩下洞穴(長崎／麻生)。早水台遺跡3〜5次(大分／角田文衛・芹沢)。深堀遺跡(〜1955／長崎／賀川)	賀川「日本人とアジア人の形質研究と先史文化の研究」別府大学、長崎大学医学部。鎌木・芹沢「長崎県福井洞穴第3次調査について」『洞穴遺跡調査会会報』12
岩下洞穴2次(長崎／麻生)。大石遺跡(大分／賀川)	鎌木・芹沢「長崎県福井岩陰—第一次発掘調査の概要—」『考古学集刊』。杉原・戸沢・横田義章「九州における特殊な石刃技法—佐賀県伊万里市鈴桶遺跡の石器群—」『考古学雑誌』。「農耕文化に関する合同研究」別府大学、九州大学、東北大学、東京大学・日本考古学協会大会開催(別府大学)・日仏合同学術調査(〜1966)

西北九州および洞穴遺跡調査

調査団の足跡

Research Achievements

1 先駆者たち

　相澤忠洋による岩宿遺跡(群馬)の発見から約10年を経た昭和30年代、西北九州においても地元研究者による先史遺跡の探索が人知れず続けられてきた。佐賀県唐津では、松岡史、富桝憲次、増本正彦らが、佐世保や大村、島原半島では古田正隆や井手寿謙、松瀬順一らが後の学史的遺跡の数々を発見している。古田は、山ノ寺遺跡(長崎)における籾圧痕のある縄文土器の採集を契機に、当時九州大学講師であった森貞次郎と周辺の補足調査を行うなど、積極的に大学関係者との関係を深めていた。当時倉敷考古館に勤めていた鎌木義昌は、これらの地元研究者による採集資料にいち早く注目した一人であった。鎌木は1957年(昭和32)10月、九州大学において日本人類学会・日本民族学協会連合大会が開催された際、唐津市在住の松岡史が持参した石器資料を実見する機会を得る。茂呂遺跡(東京)の調査に参加し、本州の先土器遺物を直に観てきた鎌木は、松岡の資料中に茂呂遺跡に類似のナイフ形石器が含まれている事実に驚愕する。おそらくこのことは、茂呂の調査を担当していた芹沢長介に直接伝えられたものと思われる。以後、芹沢と鎌木の両名は、幾度か松岡のもとを訪れることになる。一方、同じころ、西北九州における讃岐石(サヌカイト)の産地として知られていた佐賀県多久では、多久中学校生徒であった岡直人が人為的に割られた石片を採集していた。この情報は、校長の庭木五郎を介して、佐賀県教育委員会の木下之治に伝えられ、木下はこの情報をもとに、多久鬼ノ鼻山北嶺周辺で多数の遺跡の存在を確認していく。ほどなくして、木下のこの情報が明治大学の杉原荘介に伝えられるのである。

▲洞穴遺跡綜合調査の様子（1964 年）
右端が芹沢、左から 2 人目が麻生 優。
（佐世保市教育委員会提供）

▶西北九州綜合調査の意義を
訴える新聞記事
（朝日新聞 1959 年 11 月 6 日）
杉原は、日本の旧石器と弥生文化の
源流を大陸に求めた。

2 九州への旅と出会い

　唐津の資料調査を続けていた芹沢・鎌木は、1959 年 4 月、ついに九州一円の旧石器資料の調査に乗り出し、古田、井手ら地元研究者と豊富な採集資料に出会う。同年 12 月後半には、再び九州を訪れ、4 月に調査が叶わなかった長崎県吉井町の洞窟を踏査する。ここで地元郷土史家の松瀬に案内された福井洞窟は、旧石器時代まで遡る可能性がある有望な洞窟遺跡として、芹沢・鎌木の関心を大きく得る。一方、木下から連絡を受けた杉原は、1960 年に予備調査として多久を訪れる。杉原が目を付けたのは「三年山」と呼ばれる小丘で、この調査によって尖頭器を主体とする良好な遺跡の存在を確証する。各々が、地元研究者との関わりの中で、西北九州での本格的な調査の必要性を胸中で高めていった。

3 西北九州綜合調査特別委員会

　このような時勢にあった 1959 年、10 月 24 日に開催された日本考古学協会総会にて、杉原らは西北九州綜合調査の実施案を共同提案し、全会一致の中で、ついに西北九州綜合調査特別委員会が組織されたのである。委員は鎌木・芹沢はもちろんのこと、古田とともに島原で調査を続けていた森も名を連ねていた。この特別委員会の設立趣旨は西北九州の先史時代について多岐にわたり探究しようとするもので、西北九州における縄文時代以前の石器文化および縄文－弥生転換期における農耕技術起源の探究を二つの大きな目的とした。特定の地域に焦点を当てた綜合調査事業は後にも先にもこの調査委員会のみであった。調査は 2 ヵ年にわたり、初年度の 1960 年は、多久三年山・茶園原、福井、直谷、女山、原山、山ノ寺が調査された。2 年目は杢路寺、平沢良、鈴桶、遠目、礫石原、小浜、百花台、小ヶ倉が調査されたが、杉原ら明治大学班の調査した杢路寺、平沢良、鈴桶は、多久三年山調査の途次の 1960 年 8 月 20 日、伊万里市誌編纂室の金子力雄、田中時次郎、松尾竹一、力武勢平の 4 名から杢路寺古墳の資料を紹介されたことがきっかけとなり、新たに発見された遺跡群であった。委員会で調査された遺跡は、いずれも大学研究者と地元研究者との交流の中で見出された遺跡であった。今なお学史に輝く重要遺跡となっている。

4 洞穴遺跡調査特別委員会

　西北九州綜合調査の翌年、新たに洞穴遺跡調査特別委員会が組織される。西北九州綜合調査において福井洞窟を調査した芹沢、小浜や礫石原の調査に従事した賀川光夫、百花台において原位置論的調査に挑んだ麻生優らは、九州地方の洞窟遺跡調査を牽引していく。芹沢は再び福井洞窟を、賀川は大分県の聖嶽・川原田・稲荷山を、麻生は岩下洞穴などの佐世保の洞窟遺跡群をそれぞれが精力的に調査する。とくに麻生は、この調査の後も継続的に同地域の洞窟遺跡群の調査を続け、後の学史に轟く泉福寺洞窟の層位的出土例や、これらの調査から打ち出された「古代村構想」など、現在の佐世保の「洞窟遺跡日本一のまち」の根幹となる数多くの成果をもたらした。

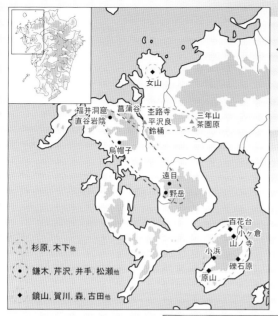

◀西北九州綜合調査の
各グループと
調査対象遺跡

凡例

杉原、木下他

鎌木、芹沢、井手、松瀬他

鏡山、賀川、森、古田他

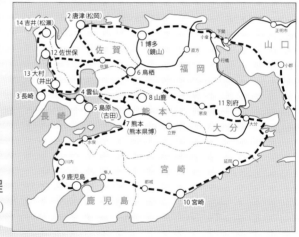

▶芹沢・鎌木の
九州一円の調査行程
（1956 年の路線図を参考）

　以上のように、西北九州綜合調査・洞穴遺跡調査には各々に前史があった。
つまりは地元研究者による丹念な踏査、そしてそれぞれの出会いの数々がそ
れであり、これらの交わりの中で醸造された熱気が集い、他では類を見ない
綜合調査となったのである。60 年を経た現在、この時の調査成果・遺跡は
もちろんのこと、その綜合調査に至るまでの経過そのものが、九州だけでな
く日本考古学においても重要な学史である。

（髙橋央輝）

佐世保のある教師の物語

考古学クラブの奮闘

Activities of Schools' Archaeology Clubs

1 フィールドのはじまり

　筆者は 1964 年(昭和 39)に教員に採用され、以後 10 年間対馬、生月の離島に転勤し、郷土佐世保の歴史に興味をもつ機会はなかった。ただ、対馬の中学校に勤務した時、当時豊玉町の仁位中学校校長の永留久恵と社会科部会とで浅茅湾の古墳を踏査したおり、考古学にわずかながら興味をもつことになった。その後 1974 年 4 月、佐世保市立 A 中学校に赴任した。

　当時、市内の中学校社会科部会では「地域素材の教材化」に取り組んでいた。こうしたことで A 中の歴史の教材化を出来ないかを検討してみた。同僚教諭の平川定美の指導を受け、郷土研究部を作り地域をフィールドワークすることとなった。当時佐世保市教育委員会には久村貞男がいたこともあり、多くのアドバイスを貰った。またどう教材化するのかを先輩教師からの指導で研究を深めることにした。

2 少年たちの活動と夢

　当時、すでに佐世保市域では戦後の新しい学校教育は大きな変化を見せた。実証研究の発展が若い世代に広がり、高校生たちを中心に地域の研究がスタートしている。例えば県立佐世保北高教諭吉富一の考古学研究会、同鹿町工業高校教諭馬場哲良の考古学部、同松浦高校教諭の芝本一志の考古学部などで高校生たちの活動が始まったのである。当時、佐世保市文化科学館における県立美術博物館の下川達彌の考古学教室も少年たちの活動に拍車をかけ

▲日宇中学校考古クラブの
白岳遺跡の調査（1981年）
表採する部員たち。

▶佐世保市内中学生の
考古クラブの研究冊子

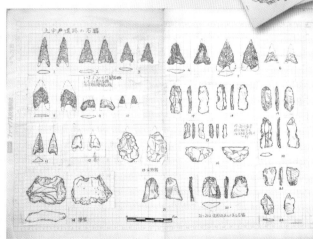

◀花園中学校考古
クラブの上宇戸
遺跡表採資料中
学生の実測図
（1986年）

ている。何といっても昭和30年代の吉井町の福井洞窟、國學院大學講師麻生
優の指導する岩下洞穴や泉福寺洞窟の発掘調査は、少年少女の夢を膨らませ
た大きな出来事であった。各地の考古少年・少女たちが活動を始めた。「何故か」
という疑問からスタートし、解明する過程が学問の始まりとなるのである。

3 郷土研究部(考古部)の活動

　職場の自由な雰囲気もあり、かねてより地域の素材の教材化に困っていたことで、早速校内に「郷土研究部」を発足し、地域の研究を始めた。部員は12名前後であったが、充実した日々をおくった。地元で著名な山城のあった竹辺付近からフィールドワークすることにした。遺物は畑の中に散布していた。さらに川下町付近や木宮町付近をフィールドワークすると、いろんな遺物を見つけることができた。

　部員の行動範囲が広がり、採集した遺物は市教育委員会に持ち込み、久村から指導をして貰った。大潟町の段丘は当時住宅地でなかったこともあり、多くの畑をみることになった。川下では貝の欠片を採集、小野町、母ヶ浦、椎木付近、大谷、井手原などで多くの遺物を採集する機会を得た。中でも1978年頃、高島の発掘調査を見学できたことは部員の研究心を高めることとなった。部員たちと小野付近、多々良、正保平、上本山、新田町などをフィールドワークすることができた。黒島や知見寺、そして大崎や田平まで足を伸ばした。

　筆者も佐世保市立図書館内の「佐世保市郷土研究所」の研究員に委嘱されたこともあり、部員とともに学習したことを『郷土研究』に研究論文として発表し、さらには年1回の「児童生徒の研究発表会」でも部員たちに発表の機会をいただいた。また校内での文化祭でも発表した。これらの表採遺物は専門家に見ていただいた。また、専門書を部員とともに読み学習を深めた。当時、岩下洞穴や下本山岩陰の報告書、佐世保市教育委員会の報告書が大きな参考になった。

　折しも泉福寺洞窟の発掘調査が実施されており、1976年頃4年間、調査団の麻生や下川から指導を受け、研究のあり方などや検討、遺跡の分布、フィールドワーク、原位置論の考えについて学習することができた。発掘者談話会との交流は現在でも続いている。また、同洞窟で市内中学生の体験学習や遺跡の案内もお願いし実施した。

　昭和50年代は高島の弥生時代遺跡の体験学習も郷土研究所主催で実施した。その後数校で同じように学生とともに活動を続けた。

▲**松原遺跡の調査**
（日宇中考古クラブ、1980 年）

▶**尼潟遺跡にて海岸遺跡
の表面採集調査**
（日宇中考古クラブ、1983 年）

4 教師の思い

　若い中学生たちは、純粋にこれらの活動に取り組み実践を志した。こうした実践から、大学で考古学を専攻した者も少なくはない。北海道の博物館で学芸員をしている者や、専攻は変わったものの東北の岩木山研究所やエベレスト山の植物学の研究に入った者もいる。他の部員たちも、この刺激から学問の世界やその真髄の研究に力を尽くしている者も少なくはない。そのきっかけは中学時代の考古学の研究である。

　教育に携わる者は、これら若者の夢や疑問の芽を摘んではならない。物事に真剣に取り組み、実現に向けた支援は私たち大人の責任ではないのか。若い時の友は一生の友である。同じ志をもち友と語り、懸命に頑張る姿こそ若者の特徴である。私は子どもたちを連れて、遺跡のフィールドワークをした。見つけた遺物はわずかでも彼らの感動と喜びは素晴らしいものがあった。この子たちが集めた遺物を生かすことや遺物の検証も必要であろう。

　校内に残された遺物の取扱について、幸い佐世保市教育委員会で保存して貰っているものもあるが、子どもたちの活動の検証もしないまま、散逸している現状もあると思われる。今後の課題としてお願いしておきたい。（中島眞澄）

Column　近代考古学の始まり

1　幕末から維新、好古家と考古学

近代考古学の確立以前、江戸時代中期から明治時代にかけて古器物、古文書などに関心を寄せる「好古家」と呼ばれる人たちがいた。1801年（享和元）刊行の『河内名所図会』巻之五には、現在の大阪府八尾市高安古墳群における発掘の様子が記されている。「高安郡の山里　郡川のほとりの千塚にて大古の窟多し其中より陶器出る　これ神代より

『河内名所図会』巻之五

の品物なりて　猿田彦命の製給ひしやらん」と、土器、勾玉を掘り出している。こうした乱掘は許されないが、遺跡、遺物に高い関心があったことがわかる。亀ヶ岡（青森）遺跡の出土品「亀ヶ岡物」、志賀島（福岡）出土の「漢委奴国王印」をはじめ、我々がよく知る考古遺物で近世に出土したものは多い。そしてそれらは幕末から維新にかけての混乱期には、好古家たちによって保護され、守り伝えられたのである。

2　近代日本における外国人考古学者

E.S.モース

1858年（安政5）、五カ国修好通商条約の締結によりわが国が開国すると交易と海外文化の受容が隆盛した。外国人考古学研究者の中には近世に記録刊行された名所図会を目にして来日した者もあったであろう。彼らによって日本の考古学の扉が開かれたのである。とりわけその名が広く知られているのは、大森貝塚を発見したアメリカ人の動物学者エドワード・シルベスター・モース（1838〜1925）であろう。

大森貝塚は縄文時代後期から末期の貝塚で、東京都品川区から大田区にかけて所在する。1877年（明治10）、モースが横浜から新橋へ向かう列車から大森駅近くの崖に貝層を発見したことに始まる。発掘調査が実施され貝殻、土器、土偶、石斧、石鏃、鹿・鯨の骨片、人骨片などが出土した。1955年（昭和30）に貝塚が国史跡に、そして1975年に出土品が国重要文化財にそれぞれ指定されている。

出島3学者の一人でドイツ人医師・博物学者として名が知ら

れているフィリップ・フランツ・フォン・シーボルト。その次男であるハインリヒ・フォン・シーボルト（1852～1908）もまた大森貝塚を発見、調査したとされている。しかもモースとほぼ同時期とあってお互いに激しい主張があったという。ハインリッヒは調査に携わった遺跡に関して『考古説略』を発表し「考古学」という言葉を日本に定着させたことでも知られている。

ガウランド
（大阪府教育委員会提供）

　忘れてならない外国人研究者がもう一人いる。「日本考古学の父」とも呼ばれているウイリアム・ガウランド（英国 1842～1922）である。大阪造幣寮の化学兼冶金技師として 1872 年に来日し、業務の合間には各地の古墳の調査に勤しみ、北は福島県から南は宮崎県まで足を運んでいる。その数、横穴式石室は 406 基で、140 例にも及ぶ略測図を作成した。大阪府八尾市高安古墳群においては「二室塚古墳」の調査に際し、ガラス乾板写真撮影を実施し「双室ドルメン」として海外にも紹介している。ガウランドの業績は科学的研究の基礎そのものであり、研究資料として現在でも高い評価を得ている。

3　濱田耕作と日本近代考古学

　わが国における考古学は、「日本近代考古学の父」濱田耕作（青陵）に始まるといっても過言ではない。濱田は 1881 年、現在の大阪府岸和田市生まれ。東京帝国大学で西洋史学を専攻し、卒業後はヨーロッパに留学。帰国後、1916 年（大正 5）に京都帝国大学の教授に就任し、考古学研究室を開設した。わが国において科学的な考古学を学ぶ講座がここに誕生したのである。濱田は 1922 年に著した『通論考古学』で「考古学は過去人類の物質的遺物（に拠り人類の過去）を研究する学」、つまり人間の活動のすべての痕跡をその研究対象とする学問であると考古学を定義した。『通論考古学』が刊行されて 100 年を迎える現在でも、日本考古学の基本的概念として定着している。講座では梅原末治、末永雅雄、小林行雄らをはじめとして、その後の日本考古学界を牽引する人材を多く輩出した。自身の調査フィールドは朝鮮半島から中国大陸におよび、日本のみならず東アジアにおける考古学研究の発展に多大なる貢献を果たした。1938 年没。

濱田耕作（青陵）
（岸和田市教育委員会提供）

　出身地である岸和田市では濱田の業績を称えるとともに、研究振興に寄与する目的で、優秀な考古学、歴史学、美術史などに顕著な功績を残した新進の研究者や団体を表彰する「濱田青陵賞」が設けられている。

（石田成年）

第2章

発掘された洞窟遺跡

九州には多くの洞窟遺跡が存在する。洞窟遺跡からは、日本列島の旧石器時代から縄文時代の文化や暮らし、弥生文化の源流を知ることができる。
洞窟遺跡と関連する遺跡を探ってみよう。

西北九州洞窟遺跡調査のはじまり ――――

福井洞窟

長崎県佐世保市

FUKUI Cave

1 発見

　「福井洞穴」は 1978 年(昭和 53) 史跡として国の指定を受け、「福井洞窟」となる。そのため、発見当初は福井洞穴、福井岩陰などと称されていた。指定理由は「旧石器文化から縄文文化の移行期の様子が明らかとしたこと」であった。後に、芹沢長介は福井洞穴を「文化の橋」と称している。この福井洞穴の発見は、郷土史家・松瀬順一による。

2 発掘

　当時の日本考古学会では、日本文化や日本人の起源を求めて各地で発掘調査を行っている。その流れは、1949 年の岩宿遺跡の発掘により、旧石器文化の探究へと新たな段階を迎える。洞窟遺跡の調査は、それまでの日本人の起源論とともに、古人骨や縄文土器の起源も目的の一つとして追究されていた。西北九州綜合調査特別委員会(委員長：杉原荘介)による発掘調査では、佐賀県多久市の三年山遺跡、伊万里市の平沢良遺跡などの調査が行われ、1960 年に鎌木義昌・芹沢を中心に多くの研究者が参加して福井洞窟の 1 次調査が行われることとなる。

　1959 年 3 月下旬、鎌木・芹沢は九州各地を探訪する。九州の旧石器文化を求め一円の調査中、佐世保市産業文化館で「古代文化展」が開催されていることを耳にし、別府から長崎佐世保へと向かう。佐世保市政五十周年記念事業として 1954 年に建設された当時九州唯一の歴史資料館であった佐世保

▲遺跡遠景(1964 年)
　(岡山理科大学博物館学芸員課程提供)

▼▶発掘調査の様子と
　　出土状況(1964 年)
　　　(倉敷考古館提供)

　市産業文化館では、西北九州の考古資料、とくに旧石器時代の資料が展示されていた。とくに二人は大村市野岳遺跡の細石刃核に魅了され、井手寿謙を訪ねることとなる。同行した古田正隆により、福井洞穴を紹介されることとなる。翌年 12 月、再び九州の地を訪れた鎌木・芹沢は、地元公民館で松瀬と合流し、資料を閲覧した後、福井洞穴を訪れる。表面の土器や石鏃を採集し、「さらに下層には旧石器時代まで遡る公算がつよい」と確信したという。

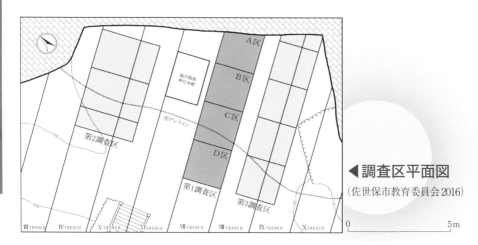

◀調査区平面図
(佐世保市教育委員会 2016)

3 調査概要

　1次調査(1960)では第1トレンチを地面から2m弱掘削し、1層から9層までの発掘が行われた。その中で旧石器時代の資料と考えられていた細石器_{さいせっき}と土器が同じ地層から出土する画期的成果があげられる。

　2次調査として、西北九州綜合調査特別委員会は続く洞穴遺跡調査特別委員会(代表：八幡一郎)に引き継がれ、文部省(当時)の科学研究費の支援を受け全国各地で洞窟遺跡の調査がなされていく。1963年には福井洞窟での2次調査が行われる。2次調査で、ついに芹沢も土器と細石器の共伴について確信したという。その頃、縄文研究の大家 山内清男らの学説と実態との相違に理解を悩ませていたと想像される。この調査から、細石器時代の終わり頃か後半期に土器文化が出現するという考えをもつようになると考えられる。

　3次調査として、1964年3月20日から3度目となる発掘調査が行われた。最下層の基盤までの全容解明が目的であった。調査は第2トレンチと第3トレンチで行われている。通称前者を鎌木トレンチ、後者を芹沢トレンチと呼んだ。4月3日の新聞では、第2トレンチが地面から4.5m、第3トレンチが50cmほど掘削し、(おそらく9層の)石器について「瀬戸内技法の石片」が出土した様子が報道されている。4月4日の新聞では、15層から両面加工石器が出土し、ヨーロッパで見られる前期旧石器時代の「ハンドアックス」に類似する可能性を示唆している。

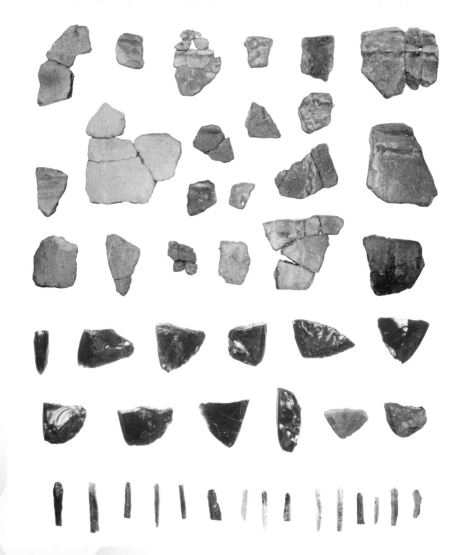

▲１次調査出土資料（岡山理科大学博物館学芸員課程提供）

　一連の調査により、旧石器文化から縄文文化の包含層を重厚に残していることがわかった。この旧石器の終わりから縄文時代の幕開けを告げる遺跡として、また最古の旧石器についても今なお続く研究課題として、我々に新たな問いを投げかけ、光を放ち続ける遺跡が福井洞窟である。

（柳田裕三・伴　祐子）

福井洞窟に並ぶ洞窟遺跡

直谷岩陰

長崎県佐世保市

NAOYA Rock Sheltere

1 1959年（昭和34）の発掘

　1960年4月29日の日本考古学協会の西北九州綜合調査特別委員会において福井洞窟の調査が計画に盛り込まれた。同年5月21日に高橋護と間壁忠彦により福井洞窟・直谷岩陰の予備調査が行われ、6月1日東京にて鎌木義昌・芹沢長介の協議により、7月21日から20日間による両遺跡の並行した調査が確定する。調査の結果、「直谷上層は福井2層3層にあたる船底形石核と4層にあたる半円錐形石核、細石刃に片面加工の削器、尖頭器を伴う石器文化に分離される。下層の小石刃を主とする石器文化は、福井7層に近似するが、やや薄くととのった形の小石刃が多い。ここでも細石刃文化に先行して小石刃をもつ石器文化が確認されている。」（鎌木・間壁1965）とされた。

2 福井洞窟との関係

　倉敷考古館所蔵の資料をみると、確かに黒曜石製石器には細石刃や細石刃核が多い。安山岩製石器にはスクレイパー類が多数見られ、薄手の草創期土器を伴う資料群である。こうした出土資料の組成から、福井洞窟2層と直谷岩陰2層を比定したと推察される。一方、直谷岩陰3層の安山岩製尖頭器が3点、『長崎県文化財調査報告書第4集』（1966）に掲載されている。縦長剥片素材の分割素材を片面加工し、側辺調整を行っている。この素材剥片の利用は、福井洞窟1次調査における4層出土の安山岩尖頭器の特徴であることから、当時の見解に至ったものと考えられる。出土資料には、そのほか野岳

遺跡遠景（1960 年）（岡山理科大学博物館学芸員課程提供）

▲▶発掘調査の様子（1960 年）
（岡山理科大学博物館学芸員課程提供）

型に類する幅広の細石刃核や細石刃、福井洞窟 7～9 層に類する小石刃核や小石刃もあり、各期にわたって福井洞窟との関係性の強い岩陰遺跡である。2006 年（平成 18）から佐世保市による断続的な調査から直谷岩陰の様相も明らかになりつつあり、今後テラス部分の岩陰前提部の調査が進むことで福井洞窟 15 層や岩陰形成についても解明が期待される。

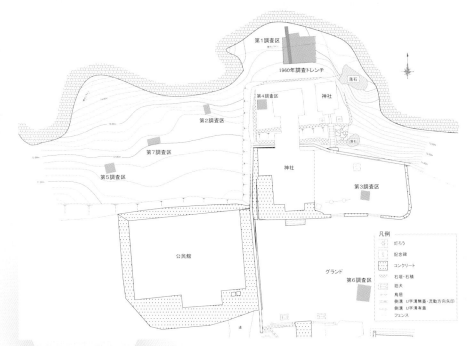

▲**調査区の配置図**（佐世保市教育委員会 2010 より）

3 周辺遺跡から調査団の足跡を追う

　倉敷考古館に所蔵されている西北九州の調査時の資料には、烏帽子岳満場
西方ノ池遺跡（佐世保市）、遠目遺跡や牟田池（大村市大野原）や野岳遺跡（大村市
野岳堤）、雲仙山麓の展望付近での旧石器時代や縄文時代の資料がみられる。
荷札には 1960 年間壁・高橋採集とある。おそらく、烏帽子岳や雲仙などは
古田正隆や井手寿謙から得た情報によるものだろう。いずれも戦後の開拓地
により展望のよい場所で確認されている。

　福井洞窟の２次調査に参加した富樫泰時（秋田県）の野帳には、福井洞窟の
ほかにも、烏帽子分校入口や柚木遺跡（佐世保市）や東浜遺跡（長崎市）、唐津市
周辺の日の出遺跡、枝去木遺跡などで表採したとみられる細石刃核やナイフ
形石器の実測図が多く並んでいる。長崎市は内藤芳篤（長崎大学）が、唐津周
辺は１次調査に参加していた松岡史による資料提供が関係している。

　当時から、唐津型細石刃核や柳葉形のナイフ形石器など後に型式設定され

▲表採または2層から出土した石器（倉敷考古館提供）

▲3層から出土した石器（倉敷考古館提供）

る石器群を把握しながら調査に臨んでいたことは大変興味深い。参加者の一人、冨樫によれば、日中は現場で作業を行い、夕刻食事の後には、芹沢の写真撮影のために照明持ちを小林達雄（國學院大學）と行っていたと手記をつづっている（冨樫2022）。昼夜遺跡を求めて語り合い、新発見にわいていた現場の熱気が伝わってくるようだ。

（柳田裕三・伴　祐子）

九州ナイフ形石器文化研究の定点

遠目遺跡

長崎県東彼杵郡東彼杵町

TOME Sitee

1 遠目編年

　遠目遺跡は、陸上自衛隊大野原演習場に近接する遠目郷百貫石に所在し、遠目百貫石遺跡と称されている遺跡である(東彼杵町誌編纂委員会編 1999)。

　遠目では、1961年(昭和36)8月23日〜29日、西北九州綜合調査特別委員会(委員長：杉原荘介)が発掘し、この成果をもとに、九州型ナイフ形石器から台形様石器、そして、半円錐形細石核をもつ細石器という順序が明らかにされている(鎌木・間壁 1965)。

2 岡山理科大学と倉敷考古館の資料

　鎌木義昌・間壁忠彦が示した「図65 九州地方の石器文化の編年図」(鎌木・間壁 1965)の「台形石器」には遺跡名が抜けており、文脈からすると、16〜19の一部は、遠目遺跡出土である可能性が推測される。遠目の資料は、東彼杵町を別にして、岡山理科大学および倉敷考古館に所蔵されている。このうち、岡山理科大学所蔵資料は、荷札に記された「遠目A地点」、「遠目B地点」からなるとおり、少なくとも2ヵ所のトレンチが発掘され、発掘現場図面および写真は、1961年の発掘の所産と考えられる。調査方法として、福井洞窟と同じように、平板測量による出土遺物の点上げが行われている。

　一方、倉敷考古館所蔵資料には、「遠目箱」と命名された収納箱1箱があり、「1959年(昭和34)〜1961年(昭和36)間壁・高橋採集」と記載されているとおり、この中の「遠目遺跡表層と表採」の資料は、間壁・高橋護による踏査の成

◀トレンチ掘削の様子
西に郡岳(こおりだけ)を遠望する。
（岡山理科大学博物館学芸員課程提供）

▼現地での
　ミーティングの様子
（岡山理科大学博物館学芸員課程提供）

▼遠目(とおめ)遺跡および
　大野原台地北辺の遺跡
（東彼杵町誌編纂委員会編 1999 抜粋一部改変）

果と推測される。

　また、彼らは、遠目をはじめとする大野原台地の北辺一帯を丹念に表採しており、「足形池」、「むた池西方一本松」、「下の池」、「十字路」、「足形池東の岡」、「むた池東の岡」という題箋のとおり、多くの地点の資料が残されている。このうち「むた池」とは、遠目の北にある「牟田池」と考えられ、「足形池」は、現在、足形(池)遺跡(東彼杵町 No.39 遺跡)として知られている。また、「大野原平重(1959 年 6 月)」の収納箱 1 箱があるものの、場所の特定に至っていない。

（徳澤啓一・伴　祐子）

原位置論の聖地

岩下洞穴

長崎県佐世保市

IWASHITA Cave

1 洞窟調査の展示

　初めて佐世保の考古学資料を公開したのは、1954年(昭和29)に開館した佐世保市産業文化館(のちの文化科学館)の歴史展示である。

　軍港一色だった佐世保において、戦後初の公選により佐世保市長になった中田政輔は平和都市を宣言する(1950)。さらに、国際貿易港を目指し、軍港ゆえに禁忌エリアだった佐世保港外の九十九島の自然を観光資源とするため国立公園の指定を目指した。その指定の環境整備として取り組まれたのが『平戸学術調査』(1946)であり、報告書の具現化として歴史資料が展示されていたのが佐世保市文化科学館である。展示は、当時九州唯一の資料館でもあり、古田正隆の山ノ寺遺跡資料(島原)、井手寿謙の野岳遺跡資料(東彼杵)、瀬尾泰平の城ヶ岳平子遺跡資料(宇久)、そして松瀬順一の福井洞窟資料(吉井)など、当時第一級の考古資料で構成された。この展示が芹沢長介らの注目するところになり、1960年の福井洞窟1次調査となった。発掘成果は、最古級の土器発見や旧石器の一群の石器検出であった。

2 洞窟の暮らしに迫る

　これらの新聞報道は私が確実に考古学への興味を覚えるのに十分であり、それを契機に遺跡を探し歩いて、中学3年時には考古学ボーイになっていた。

　そして佐世保市文化科学館に出入りし、下川達彌にも同所で出会った。当時、下川は師匠の麻生優の指示で、日本考古学協会の洞穴遺跡特別調査委

▲岩下洞穴写真集
（佐世保市教育委員会提供）

▼1964年発掘者メンバー
前列右から2番目、内藤芳篤、麻生、1人おいて小田静夫、下川、後列右から4番目筆者。
（佐世保市教育委員会提供）

員会の確認調査として、市内各地の踏査を行っていたのだった。

　最大の転機が訪れる。1964年3月に福井洞窟2次調査が行われた。当時、高校2年の期末テスト中で見学に行けず、調査後に10数km離れた洞窟まで自転車で出向いた。そこで見た福井洞窟の存在感に圧倒された。つまり平地の遺跡で人の住まいを想像するのは困難だが、洞窟遺跡を知り天然の家を認識したのである。洞窟遺跡を知った著者は、間もなく松瀬町に"ぜんもん岩"という流浪の人が寝泊りする洞窟の存在を知り、発掘を試み、石器や土器、さらには人骨が出た。その容易ならざる状況に驚き、出土した人骨などを下川に送り、1964年8月に大学3年の下川が試掘して、石器時代の洞窟遺跡と確認された。

　以上のように、とりまく考古展示などの環境、出会いがあり、その重要性を佐世保市に働きかけた麻生優、それに答えて発掘推進へ向かった佐世保市の認識がなければ、発見は無意味なものになっただろう。岩下洞穴の発見。それは佐世保市における考古学調査の起点になった。さらに、先行した福井洞窟の発掘が佐世保地方の考古学研究の原点でもある。　　　　　（久村貞男）

黒曜石原産地腰岳に集う考古学者 ―――――

平沢良遺跡・鈴桶遺跡

HIRAZOURA Site & SUZUOKE Site　　　佐賀県伊万里市

1 平沢良遺跡

　　伊万里市で初めて行われた発掘調査は、杉原荘介率いる西北九州綜合調査特別委員会による平沢良遺跡での調査である。1960年(昭和35)8月、調査団が佐賀県多久市での予備調査中、伊万里市史編纂委員より杢路寺古墳の三角縁神獣鏡と菖蒲谷遺跡の黒曜石製のナイフ形石器が紹介された。興味を示した杉原らは、多久市での予備調査終了後、伊万里市での現地確認を行った。そこでは、杢路寺古墳の墳丘下に無数の黒曜石を包含する層が存在していることを発見し、試掘調査を決行した。その結果、九州ではまだ発掘されていない旧石器時代の遺跡があることが判明した。遺跡の所在するこの地域は、「杢路寺」と「平沢良」の二つの呼び名があり、杉原らは古墳を杢路寺古墳、その下にある遺跡を平沢良遺跡と称した。その後、同年10月と翌年の6月に予備調査を行い、1961年8月10日から28日にかけて両遺跡の発掘調査を実施した。

　　平沢良遺跡は伊万里市二里町川東平沢良に所在する、腰岳の北西山麓、標高約15mの小舌状丘陵上に位置する(伊万里市史編さん委員会編2006)。腰岳とは、伊万里市南部に所在する標高487.7mの円錐形の山である。裾野がなだらかに広がる姿から、地元では「松浦富士」「伊万里富士」の愛称をもつ。腰岳は黒曜石の原産地であり、平沢良遺跡や川東岳遺跡といった旧石器時代の遺跡や、「鈴桶型刃器(石刃)技法」が発見された鈴桶遺跡や法華遺跡などの縄文時代の遺跡などが点在しており、山一帯が「腰岳遺跡群」として、周知の埋蔵文化財包蔵地とされている。

▲**杢路寺古墳と平沢良遺跡**（1961年頃）
後方に腰岳を望む。
（明治大学博物館提供）

▶**平沢良遺跡の
遺物出土状況**
（1961年）
（明治大学博物館提供）

　当時、初めて現地を確認した時点で、杢路寺古墳および平沢良遺跡は従前の土地開発によりすでに大部分が滅失した状態であった。1961年8月の発掘調査は、残存する古墳の35㎡の墳丘部にトレンチを3ヵ所設定して行われた。大量の遺物が出土し、その大多数が腰岳産黒曜石の原石や剝片であったが、ナイフ形石器や台形石器、石刃なども出土した。石核は100点以上出土し、その中でも形や剝離技法に特徴をもったものについては「平沢良型石核」としていた。石器製作に使用された石材も、大半が腰岳産黒曜石であったが、サヌカイト製の剝片尖頭器が1点出土している。先端部と基部に調整のある大型の剝片尖頭器であり、珍しい出土品であった。その後の調査研究により、朝鮮半島に類似したものが確認されたことで、大陸との関わりがあったと考えられるようになった。

2 鈴桶遺跡

　平沢良遺跡での発掘調査と並行して、鈴桶遺跡でも調査が行われた。調査の発端は、1960年に実施した平沢良遺跡での予備調査であった。平沢良遺跡の案内と踏査に同行した、当時伊万里市史編纂委員および伊万里高校教諭であった前山博は、周辺にも同様の遺物が多く散布していることに注意し、その後腰岳を中心としたいくつかの遺跡から大量の遺物を採取した。1961年6月、8月に実施する平沢良遺跡での発掘調査準備のために再び伊万里を訪れた杉原らは、前山の採取した遺物に注目し、1961年の平沢良遺跡の発掘調査にあわせて、8月16日から26日の10日間、平沢良遺跡に近接する鈴桶遺跡での調査が実施された。

　鈴桶遺跡は、伊万里市二里町字鈴桶に所在する、有田川下流の東方に位置する腰岳の北西側丘陵の標高約120mに位置する（伊万里市史編さん委員会編2006）。調査は、当時果樹園であった丘陵斜面地に幅1.5m、長さ50mのトレンチを設定し行われた。その結果、出土遺物はすべて腰岳産黒曜石が石材であること、黒曜石製以外の石器や土器の出土は一切確認されなかったことが判明した。また、出土した無数ともいえる遺物から、人為的に加工が施されているものは4,261点であり、その大部分が石刃や剥片、そして石核であった。

　これらは特徴的な製作技法をもち、杉原・戸沢充則・横田義章は「鈴桶型刃器技法」と提唱し、"九州における特殊な技法"と位置づけた。

　また、遺跡の位置する丘陵は、急激に落ち込む谷を伴う細い尾根であり、人間が生活するには厳しい立地である。しかし、当時は黒曜石が大量に採集できる環境であることや、調査から莫大な数の遺物が出土していることから、鈴桶遺跡は生活を営む場ではなく、石器の生産遺跡であると考えられた。

　調査を終えて、杉原らは遺跡の時期について複数の仮説を立てている。遺物が出土した層位が一般的に縄文時代の遺物がないと考えられることや、調査では縄文土器が一切出土しなかったことなどから、旧石器時代の遺跡であると推測した。一方で、鈴桶遺跡の石器には縄文的な部分もみられることにより、旧石器時代に属するという見解に迷いが窺い知れる。この時点では、遺跡の時期については今後の課題としているが、その後の周辺遺跡での調査研究により、鈴桶遺跡は縄文時代の遺跡に位置づけられていく。　（野田千輝）

▲鈴桶遺跡遠景（1961 年頃）
手前丘陵に鈴桶遺跡、奥に伊万里湾が広がる。（明治大学博物館提供）

▲発掘調査の様子（1961 年頃）（明治大学博物館提供）

安山岩原産地と石槍

茶園原遺跡・三年山遺跡

CHAENBARU Site & SANNENYAMA Site　　　　佐賀県多久市

1 西北九州綜合調査のはじまり

　1958年（昭和33）の秋ごろ多久市の中学生が、多久町宮城の山林で野生の藤の採集中に石器を発見した。三年山遺跡の発見である。この後、担任の庭木五郎から木下之治（佐賀県教育委員会）に伝わり、その後、杉原荘介（明治大学）に受け継がれた。

　1960年、日本考古学協会は西北九州綜合調査を計画した。調査対象区域は当時、土器を伴わない石器が発見されているとの情報がしきりであった九州地方の西北部（佐賀・長崎）であった。

　1960年5月4日、杉原は、調査趣意書を持参し佐賀県庁の社会教育課を訪れる。主旨は、「①最近、佐賀・長崎から中期・旧石器時代の可能性が遺跡の発見が続いており検証を行いたい。②長崎県島原半島で、日本農耕の起源に迫る可能性のある遺跡がありその検証も行いたい。」であった。

　同日の多久市の現地視察を経て、1960年8月11日〜8月25日に茶園原遺跡・三年山遺跡の発掘調査（主任：杉原、副主任：戸沢充則）が実施された。

　茶園原遺跡・三年山遺跡ともに大形の安山岩製の石槍が多数出土し、詳細は23年後の1983年刊行の報告書にまとめられた。両遺跡ともに南関東の編年研究に照らし、旧石器時代の遺跡であるとされた。

　余談であるが、三年山遺跡の調査開始早々に石鏃状の石器が出土したため、旧石器時代の遺跡ではないのではないか？との疑念を杉原・戸沢ともにもっていたとのことである。

◀**遺跡遠景**(1960 年)
後方に鬼ノ鼻山と有明
海。(明治大学博物館提供)

▶**三年山遺跡の
出土状況**(1960 年)
石槍や剝片など多数の遺
物が出土した。
(明治大学博物館提供)

2 その後の調査

　茶園原遺跡は、調査地点Ａ・Ｂともに公有化はされていないが、多久市は
隣接地の約3,000㎡を昭和50年代に公有化した。民間開発対応による小面積
の発掘の継続も続き、遺跡の広がりなどが明らかになりつつある。

　三年山遺跡は、2001 年(平成 13)、多久市は多久聖廟の駐車場確保などの目
的で明治大学調査地点を含む三年山遺跡を公有化した。その折、確認調査を
行い、第12 トレンチから剝片尖頭器の製作跡と思われるブロックを検出した。
わずか60cm程度の堆積層であったが、旧石器時代のブロックと尖頭器製作時
の調整剝片が層位的に分かれて出土した。ブロック内は石器が煩雑に接合し、
原産地での剝片尖頭器の製作技法が具体的に明らかになった。この第12 トレ
ンチ(ブロック)は、明治大学調査地点から数m南側に離れている程度である。

　多久市では、多久石器遺跡群の国史跡指定を目指し 2019 年(令和元)から分
布調査などを行っており、明治治大学調査地点(茶園原・三年山両地点)の特異性(石
器製作の量・尖頭器のサイズ・製作の技量など)が明らかになりつつある。(岩永雅彦)

ナイフ形石器以降の層位的変遷を確認 ─────

百花台遺跡

HYAKKADAI Site

長崎県雲仙市

1 百花台の由来

「百花台」の名は、太平洋戦争後、開拓のため入植した50組の夫婦による「百」と、百花繚乱の「百花」にちなんで命名された。遺跡は、雲仙普賢岳の裾野より続く、標高200m前後の山麓地にあり、西側を流れる土黒川の河岸段丘に広がっている。実は「百花台遺跡」という名前は現在の遺跡地図には記載がない。開拓されて以降、多くの発掘調査が行われ、数多くの遺跡が存在することが判明している。現在は百花台A遺跡など地点ごとに遺跡名が付され、その全体を「百花台遺跡群」として捉えられている。

2 いわゆる「百花台遺跡」の発掘

「百花台遺跡」としての発掘調査で最も注目を浴びたのは、1963年(昭和38)および1965年の和島誠一・麻生優(麻生・白石1976)によるものである。毎日新聞や地元島原新聞の記事からもそのことがうかがえる。地表から2mの深さまでに、8枚の土層が確認され、うち3枚から旧石器時代の石器群が発見された。時代の古い下層の第6層からナイフ形石器、上層の第4層から台形石器、第3層では細石器が出土した。これにより、ナイフ形石器→台形石器→細石器という層位的変遷を日本で初めて確認することができ、時代の移り変わりとともに石器群が変化する様子を知ることとなった。とくに第4層で確認された93点の台形石器は、薄い縦長剥片(小形石刃)を素材とし、折断した剥片の両側面に抉り状の加工を施し、刃部の両端を角状に突出させる、

▲遺跡航空写真
奥に雲仙普賢岳がそびえる。
（雲仙市教育委員会提供）

▶発掘調査の様子
（1963 年）
（雲仙市歴史資料館国見展示館所蔵）

極めて特徴的な形態から「百花台型台形石器」と名付けられ、ナイフ形石器終末期の示準石器となった。地域や時代を識別する重要な石器として、後の旧石器時代遺跡の調査・研究に大きな役割を果たすこととなる。

　その後も公園建設や県道拡幅などに伴い多くの調査が行われ、その面積は1万㎡を超える。百花台型台形石器の出土数は数百点にのぼるが、そのほとんどが和島・麻生が調査したわずか80㎡ほどの調査区とその周辺からのみである。広い遺跡群の中で、唯一百花台型台形石器が分布する地点を見抜いていたのであろうか。

　調査も終盤の1965 年3 月27 日、日誌の最後には「誰かがこれでmicro-blade、トラピーズ、knife を一つの遺跡で掘ったのはここであると話しておられた。」（原文のまま）とつづられている。はじめて明かされた各石器群の層位的変遷の発見に、現場の士気も高揚していたようである。

3 百花台遺跡群の今

　和島・麻生の調査以降、昭和50年～昭和60年代にかけて、県道の拡幅工事や県立百花台公園の建設など、遺跡周辺の開発事業に伴う大規模な発掘調査が行われ、数万点にのぼる旧石器時代の石器が発見されている。また、平成に入ってからは、土黒川対岸地区の農業基盤整備事業に伴い、栗山遺跡などが調査され、百花台遺跡群の広がりが対岸にまで及んでいることを示すこととなった。これまでの調査成果から、遺跡は一時的な利用の場所であるキャンプサイト的なものではなく、地域の中心的な集落跡と考えられる。8層に及ぶ土層の中には、始良丹沢火山灰（AT）や、地元雲仙普賢岳の火砕流に伴う堆積層などが見つかっており、土層による石器の前後関係に加えて、地質学や火山学、炭化物の放射性炭素年代測定などによる石器群の変遷や実年代についても、詳しい調査結果が蓄積されつつある。また、長崎県埋蔵文化財センターに導入された、蛍光X線分析装置を利用した石器石材の産地同定も進められている。多くの石器石材の産地が明らかとなっており、かつて島原半島で暮らした旧石器人の暮らしぶりを解き明かすための大きなツールとなっている。

　2012年（平成24）、和島・麻生の百花台遺跡資料は、千葉大学から地元雲仙市へ帰ってきた。その後調査された多くの資料とともに雲仙市歴史資料館で展示・収蔵されている。

（辻田直人）

▲ 1965年（昭和40）3月遺物台帳
（雲仙市歴史資料館国見展示館所蔵）

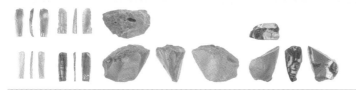

第３層
細石器

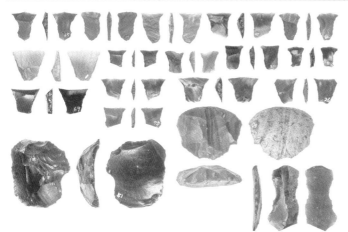

第４層
百花台型
台形石器

第６層
ナイフ形
石器及び
台形石器

▲和島・麻生調査および県教育委員会調査で出土した遺物

遺物台帳の上から 22 段目、「236 knife BT3 区 6 層 -135 S40.3.27」は第６層から初めて発見されたナイフ形石器（最下段中央）の記録である。その日の調査日誌にはこう綴られている。「日本に於ける無土器文化、または、今までの諸説を、くつがえし、考古学の大変革を迎えたと言っても過言ではなかろう。何につけても。昭和 40 年 3 月 27 日は記念すべき日であった。」ナイフ形石器→台形石器→細石刃の層位的変遷が初めて確認された日である。（雲仙市歴史資料館国見展示館所蔵）

縄文農耕の痕跡と支石墓

山ノ寺遺跡・原山遺跡

長崎県南島原市

YAMANOTERA Site & HARAYAMA Site

1 山ノ寺遺跡

　山ノ寺遺跡は、島原半島の雲仙岳東麓、標高230〜270mの地点に所在する。「山ノ寺式土器」の標式遺跡として知られ、長崎県遺跡地図においては、「山ノ寺梶木遺跡」として登録されている。

　山ノ寺は戦後まもなく開拓地に指定され、遺跡の存在が知られることとなった。1955年（昭和30）2月以降、古田正隆によって積極的に遺物採集が行われ、森貞次郎もたびたび現地を訪れている。また、1957年には遺跡の中心とみられる石山実の畑において床土改良工事が行われた際に、古田が合口甕棺、紡錘車、籾圧痕のある土器を発見している。

　この床土改良工事は周辺でも計画されていたことから、遺跡へのさらなる影響が懸念され、旧深江町教育委員会が主体となって1957年6月16日〜22日、8月23日〜26日の2次にわたる発掘調査が実施されている。

　そうしたなか、弥生文化が縄文文化の中からどのようにして成立していくかということへの探究の機運が高まり、山ノ寺、原山、礫石原といった島原半島の遺跡に目が向けられるようになる。西北九州綜合調査特別委員会で乙益重隆を調査主任とする調査団が組織され、山ノ寺遺跡において1960年8月23日〜30日、1961年8月16日〜29日の2次にわたる調査が実施されている。しかしながら、その成果の報告は概報にとどまり、詳細については不明である。

　遺跡から出土した遺物を古田の報告からみてみる。土器には、粗製深鉢、精製浅鉢、組織痕土器、刻目突帯文土器、丹塗磨研壺、紡錘車などがあり、

▲山ノ寺遺跡遠景（南島原市教育委員会所蔵）

▲採集された土器・石器
　（南島原市教育委員会所蔵）

▶採集された青銅鏡
　（1,500 〜 1,700 年前）
　（南島原市教育委員会所蔵）

縄文時代晩期の黒川式（くろかわ）から突帯文期のものが主体を占めている。石器としては、打製石斧（だせいせきふ）、磨製石斧（ませいせきふ）、磨石（すりいし）・叩石類（たたきいし）、石鏃（せきぞく）、勾玉（まがたま）などがある。

　近年では、古墳時代前期〜中期の重圏文鏡（じゅうけんもんきょう）（直径6.0cm）が採集され、これまで注目を集めてきた縄文−弥生移行期とは別の新たな遺跡の一面も明らかになってきている。

2 原山遺跡（はらやま）

　原山遺跡は、島原半島の雲仙岳南麓から延びる高原地帯に立地し、標高は約250mを測る。3群からなる支石墓群（しせきぼ）のうち第2・第3支石墓群は「原山支石墓群」として1972年11月6日、国の史跡に指定されている。

　山ノ寺遺跡同様、戦後の開拓によってその存在が明らかとなった支石墓を主体とする墳墓遺跡である。地元中学校の教諭馬場強（ば　ばつよし）から佐賀の七田忠志（しちだただし）、松尾禎作（まつおていさく）へと支石墓確認の話が伝わり、1953年の調査に至った。

　1956年8月24日〜30日には石丸太郎（いしまるたろう）、森によって予備調査が実施され、その後、西北九州綜合調査特別委員会によって森を調査主任とする調査団が組織され、1960年8月16日〜30日に1次調査が、1961年8月16日〜29日に2次調査が実施されている。また、1971年には長崎県教育委員会による発掘調査が実施されているが、遺構の検出には至っていない。

　1979・80年には旧北有馬町教育委員会によって補完調査と環境整備事業が行われ、遺跡は現在の公園化された姿となっている。

　第1支石墓群には、A地点に40〜50基の石棺群が、B地点に20基以上の石棺と石蓋土坑墓群があり、支石墓は14〜15基あったとされるが、すべて消滅している。第2支石墓群には支石墓約50基、石棺墓約50基があったとされ、現在は6基の支石墓が残されている。第3支石墓群が最も大きな墓群で、54基の支石墓が確認されている。

　開拓によって消滅したものを含めると、原山遺跡は100基以上からなる日本最大規模の支石墓群であったとされる。原山遺跡の支石墓は、下部構造に石囲、箱式石棺、土坑、甕棺を採用しており、主体を占めるのは土坑と箱式石棺で、森は支石墓の下部構造が土坑から箱式石棺に移行していったこと、箱式石棺は方形に近い形状であることから極端に手足を折り曲げた姿勢での

▲現在の原山遺跡の支石墓群
（南島原市教育委員会提供）

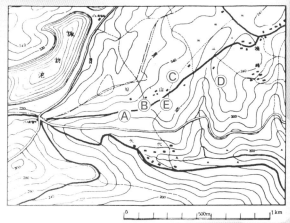

▲発掘調査の様子
（1960年頃）
（日本考古学協会西北九州綜合調査特別委員会 1960 より引用）

◀支石墓群の位置
第1支石墓群：Ⓐ地区
第2支石墓群：Ⓒ地区
第3支石墓群：Ⓓ地区
（日本考古学協会西北九州綜合調査特別委員会 1962 を一部改変）

埋葬が行われていたことを想定している。

　原山遺跡においては多くの支石墓が確認されている一方、いまだ支石墓群を造営した人々の居住域となるような遺構は検出されておらず、また山ノ寺式土器に後続するとされる「原山式土器」の位置づけについても定まったものとなっていない。これらの究明が今後の課題である。　　　　（本多和典）

稲作の痕跡と有明海の海底遺跡 ───────

礫石原遺跡・三会下町干潟遺跡　長崎県島原市

KUREISHIBARU Site & MIESHITAMACHIHIGATA Site

1 礫石原遺跡

　礫石原遺跡は、島原市有明農林漁業体験実習施設「舞岳山荘」の東側に位置し雲仙岳から北東に延びる火山麓扇状地に所在する、縄文時代早期～晩期の遺跡である。

　農地開拓法により 1951 年(昭和 26)に礫石原の一帯は、開拓地となり各所で遺物が見つかるようになった。すでに長崎県の考古学者として名をはせていた古田正隆により、1955 年 6 月に文化財保護委員会へ祭祀遺跡として遺跡発見届が提出された。そして、同年 8 月島原市教育委員会から調査依頼を受けた古田が縄文時代の遺物包含層を確認した。また、1958 年 4 月に礫石原町甲 1201-10 に所在する礫石原環状石組遺構(1984 年島原市有形文化財指定)の詳細調査を森貞次郎・石丸太郎・古田が中心に島原市教育委員会が実施した。

　この発掘事例を踏まえ、西北九州綜合調査特別委員会は、農耕技術の起源について調査するため、2 回の発掘している。この調査団は、1960 年に佐賀県の女山、長崎県の原山、山ノ寺遺跡、1961 年に長崎県の礫石原、小浜、百花台、小ヶ倉遺跡の発掘を行っている。山ノ寺遺跡などの島原半島の調査には、乙益重隆を班長に国分直一、賀川光夫、潮見浩に古田と島原史学会の上田俊之らが加わっていた。

　まず、1960 年 8 月 28 日に試掘を行い、上層に黒川式(縄文晩期)・下層に塞ノ神式土器(縄文時代早期末)の遺物包含層を確認している。そして、1961 年 8 月 17 日～29 日に鏡山猛らがさらに詳細に発掘した。その結果、出土遺物に籾の痕が付いた土器などを確認(島原新聞 1961 年 9 月 3 日、西日本新聞 1961 年

▶礫石原遺跡の発掘調査の様子（1958年調査）

（古田1977より転載）

▲稲作の起源を求めて行われた発掘
　調査の内容を伝える記事

（西日本新聞1961年8月21日）

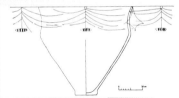

▲礫石原式土器（深鉢形）
　合口甕棺

（日本考古学協会西北九州綜合調査
特別委員会1962より転載）

8月21日）し、出土遺構は、縄文時代晩期の集石墓や甕棺、平地住居を検出した。このうち、墓の分布から2集団いたことが指摘された。しかし、すべての遺跡で籾痕土器は出土せず、否定的に見る見解も聞かれるようになる。

　一方、森は、「山ノ寺式」に続く晩期土器型式の名称として本遺跡の豊富な出土量から、「礫石原式」土器を深鉢形の名称として提唱し、土器型式の編年を構築していく。このことで、黒川式から夜臼式の間が発掘によって位置づけられ、縄文農耕の始原期の年代を問うこととなる。

2 三会下町干潟遺跡
みえしたまちひがた

　三会下町干潟遺跡（三会下町海中遺跡）は、島原鉄道三会駅の北東に位置する縄文前期～弥生の有明海の海底遺跡である。島原半島の眼前に広がる有明海は干満の差が6mもある浅海で、比較的穏やかな海であった。そのため、戦後の小舟も満足にない状況でも漁舟で漁ができていたようだ。

　古田は、この漁の網にしばしば動物の化石骨が引き揚げられるという情報を得る。これらの資料の中にナウマンゾウの化石骨を見つけ、古くは有明海に象が生息した陸地が存在し、現代に至る過程で海の底に埋没したのだと認識していた。三会の干潟で踏査を繰り返していた古田は、1954年に旧石器時代の石核や剥片を発見することとなる（下川2021ほか）。

　1963年、農水省の有明海干拓事業に関わる総合調査事業が立ち上がる。この際、三海下町干潟遺跡の海底遺跡調査を和島誠一（日本原始学研究所）が、
わじませいいち
百花台遺跡を麻生優が担当した。
あそうまさる

　三海下町干潟遺跡の調査は、期待した旧石器時代の大形動物や遺物は見つからず、残念ながら良好な包含層にはあたらなかった。しかし、2012年（平成24）の鷹島海底遺跡（長崎）が国の史跡に指定された半世紀以前に海中を遺跡
たかしま
として認識し発掘するということは、長い海岸線と島嶼部を有する長崎県において画期的な調査と評価されている（下川2021）。

　有明海干拓事業は学際的研究により、最終的には自然と人間の触れ合いをもった県立自然系博物館の設立を構想したものであったが、周辺県との賛同が得られず、長崎県南部の開発事業として進むこととなる。

　古田は、1961年に設立した島原史学会の発起人の一人でもあった。島原半島の歴史文化を総合的に解明することを目的とし、また高等学校の教師と連携を図り、実践教育の一環とした。その後、行政発掘が主体的になると1973年、古田は開発による自然と遺跡の破壊に反対するため百人委員会を発足させる（古田1973）。この会により、同遺跡の踏査も断続的に行われた。1974年刊行の『島原市の海中干潟遺跡』によれば、縄文時代前期～晩期の土器資料を掲載しており、長年にわたって有明海の形成に注目し、地道な調査と研究に取り組んでいたことがうかがえる。

（山下祐雨）

▲三会下町干潟
　　　　　　　　み え したまち ひ がた
遺跡遠景(現在)

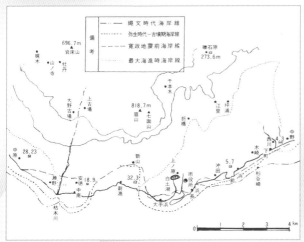

▲遺跡分布図(網掛けが遺物分布範囲)(古田 1974 より転載)

▲古田の想定した島原市周辺の海岸線移動図
右端に下町（三会下町干潟遺跡）。（古田 1974 より転載）

▼百人委員会での
発掘調査の様子
　　　　　　　いかだ
（筏遺跡、1966 年）
左端が古田。
（下川 2021 より転載）

人類の起源・文化を探究した遺跡発掘 ──

早水台遺跡・
聖嶽洞穴遺跡

大分県日出町・佐伯市

SOUZUDAI Site & HIJIRIDAKI Cave

1 賀川光夫と大分県の考古学

　大分県のみならず、九州地方の考古学の発展に大きな功績をのこした、別府大学元学長賀川光夫は 1923 年（大正 12）栃木県烏山町で生まれた。

　大分の宇佐航空隊を除隊後、佐伯市内の高校で教鞭をとっていた。賀川の県内での最初の発掘は、1948 年（昭和 23）の佐伯市下城遺跡である。翌年には国東市安国寺遺跡の調査を担当している。二つの遺跡は、ともに弥生時代の標式遺跡となっている。

　1951 年に別府女子大学（1954年、別府大学と改称）へ移った賀川は、その2年後、恩師の八幡一郎と日出町早水台遺跡の調査に着手した。その後は大学での要職を務めながら、県内のみならず九州内の遺跡の調査・研究に尽力した。殊に 1963 年に別府大学の史学科が創設されると、学生を育成しながら仕事に邁進した。以下、その代表的な発掘調査とその意義について触れてみたい。

2 早水台遺跡

　別府湾を臨む日出町の丘陵上にある早水台遺跡の調査は、賀川にとって旧石器・縄文時代研究の原点の地といってよい。1958 年から数次にわたって行われた。成果として東九州の縄文時代早期の編年を確立した。また、旧石器とされていた礫器が明確に縄文時代早期の押型文文化に共伴することを検証した。とくに、3 次調査には、旧石器研究者が参加しており、彼らの判断が大きかった。その後、縄文時代早期の遺跡から多くの礫器が伴出し、卓見

◀賀川光夫

（『賀川光夫先生―アルバム・作品・追悼文集・年譜―』2003 より）

▲早水台遺跡遠景　上は近年、日出城跡から。下は 1964 年ごろ。

（下：岡山理科大学博物館学芸員課程提供）

であったといえる。

　さらに、早水台遺跡で特筆されることは、下部の旧石器文化層の追跡である。これには芹沢長介が取り組み、またその門下の柳田俊雄が中期旧石器まで遡る石器群を検出している。前・中期旧石器存否論争を提起する重要な遺跡となっている。

3 聖嶽洞穴遺跡
ひじりだき

　1962年、賀川は日本考古学協会の日本洞穴遺跡調査特別委員会の委員として、佐伯市聖嶽洞穴の調査を担当した。

　九州では福井洞窟とともに初年度の調査地であり、人類学の新潟大学医学部小片 保が共同調査者であった。山中の石灰洞穴での調査は困難を極めたが、最初に黒曜石の細石器が見つかった。9日目に、洞穴入口から15mの位置で第Ⅲ層の粘土層から人類の頭骨の一部（後頭部）が検出された。この発見には小片も当初から携わっており、紛れもない後期旧石器文化層からの古人骨の出土であった。この時の二人の興奮の様子は賀川の著書の中にも描かれている。小片はその頭骨について、中国山頂洞人との類似性を指摘している。

　後年、この調査について前・中期旧石器・遺跡捏造事件の最中、一部の偏見に満ちた研究者と心ない週刊誌によって疑義が出されたが、3度の裁判によってこの調査に対する疑義の主張に根拠が認められないことが証明された。週刊誌の捏造記事に対し、賀川が抗議の自死をしたことは痛恨の極みである。

4 賀川光夫の学問

　賀川はこのほか、ライフワークともいうべき縄文時代後・晩期農耕論の起点となった大分県大石遺跡（当時、緒方町）の調査を行った。この遺跡では、黒色研磨土器に多量の打製石斧、打製石庖丁が共伴することから、大陸起源の畑作農耕の存在を提唱しており、その先駆的研究は高く評価されている。

　また、賀川は考古学にとどまらず、広い学識の持ち主であった。学内にあっては学生に慈父の如く接し、学外にあっても市井の人達と幅広い交流をもち、真に誰からも慕われる存在であった。賀川の学問は、自身の学説を基調とし、旧石器文化から仏教文化の多岐にわたり、まさに学際的、国際的な幅広さと奥深さをもっていた。

　賀川から大きな学恩を受けた一人として、私は今その偉大さを実感しているところである。

(清水宗昭)

◀ 聖嶽洞穴入口（佐伯市教育委員会提供）
ひじりだき

▲聖嶽洞穴旧石器人骨発見の夜
を描いた賀川によるイラスト
賀川（左）と小片保（右）。
上図は出土人骨のイメージ。
（賀川光夫『瓦礫』より）
がれき

▲賀川の著書

第3章

洞窟に
魅せられた
考古学者

Archaeologists Excavating Cave Sites

考古学者は洞窟遺跡に何を求めたのか。
この時代、考古学者が試行錯誤しながら
進めた発掘調査や研究の成果が、現在の
考古学につながっている。
個性豊かな考古学者たちに学んでみよう。

瀬戸内考古学の先駆者

鎌木義昌

KAMAKI Yoshimasa 1918-1993

1 上京と帰岡

　1918年(大正7)大阪生まれ。1941年(昭和16)早稲田大学法学部に入学し、大学3年になると岡山県の備前黄島貝塚、また山内清男とともに備中高島遺跡を調査することになる。卒業後、日本特殊鋼管、岡山県食糧営団を経て、1947年田井長崎鼻遺跡を皮切りに、備讃瀬戸内の調査に邁進することになる。

2 石器と土器の関係

　帰岡してからの鎌木は、岩宿遺跡の発見まで「押型文土器と細石器の共存という前提から脱しきれず、一歩ぬきんで土器をともなわない文化という前提にたてなかったのは残念なことであった」(鎌木・高橋1965)と回顧しているとおり、この頃の発掘では、縄文時代早期押型文期の備前黄島貝塚、黒島貝塚、田井長崎鼻遺跡などに狙いを定め、押型文と共伴する細石器を追求していた。こうした鎌木を支えたのは、1950年に組織された岡山県学生考古学会であり、その後、三杉兼行、高橋護、間壁忠彦、間壁葭子らが鎌木の仕事を支えていく。
　1951年、鎌木は倉敷考古館主事となり、茂呂遺跡(東京)の調査で芹沢長介と邂逅することになる。また、1949年の岩宿遺跡の発掘に刺激を受けて、備讃瀬戸内における無土器文化に目を向けるようになる。1954年、井島遺跡、鷲羽山遺跡、竪場島遺跡の発掘によって、備讃瀬戸内の旧石器の変遷を明らかにするとともに、1957年国府遺跡(大阪)の再調査をもとに、国府型ナイフ形石器の瀬戸内技法を明らかにしている。

◀鎌木義昌(1988 年 12 月)

（岡山理科大学博物館学芸員課程提供）

▶福田貝塚(1951 年 8 月)

前列右から 3 人目三杉兼行、4
人目鎌木、5 人目池田、6 人目
高橋護、7 人目間壁忠彦、後列
左から 5 人目間壁葭子。

（岡山理科大学博物館学芸員課程提供）

3 西北九州での仕事・備讃瀬戸内との関係

　鎌木は備讃瀬戸内での旧石器の追究を休止し、1959 年芹沢とともに、九
州一円の旧石器を調査し、井手寿謙、古田正隆らと出会うことになる。

　1960 年、西北九州総合調査特別委員会（委員長：杉原荘介）の調査として、「長
崎県北松浦郡吉井町内の福井洞窟、直谷岩陰、佐賀県多久市三年山遺跡、茶
園原遺跡が対象となった。また、1961 年夏の発掘では、長崎県東彼杵郡東
彼杵町大野原遠目遺跡、佐賀県伊万里市平沢良遺跡、鈴桶遺跡がおもなもの
となっている」（鎌木・間壁 1965）とあり、鎌木は、芹沢とともに、福井洞窟、
直谷岩陰、遠目遺跡などで発掘の主導的な役割を果たすことになる。

　また、鎌木は、賀川光夫との親交が深いことで知られるとおり、1962 年
以降、聖嶽、丹生、早水台などを度々訪れ、現地の様子を写真に遺している。

4 福井洞窟の出土品と記録類の行方

　福井洞窟の発掘は、長崎県に残された文書、鎌木の遺品である書簡などの記載を紐解くことで、発掘の事前・事後、とりわけ、出土品が倉敷考古館、岡山理科大学、東北大学に分散した経緯を仄聞（そくぶん）することができる。

　長崎県教育委員会に残された文書を見ると、発掘届等の差出人は、2次調査が鎌木・芹沢の順で連署、3次調査が芹沢の単署であり、調査者主体の若干の変化が読み取られる。また、出土品は、2次調査を倉敷考古館、3次調査を東北大学文学部附属日本文化研究所で保管することになり、ただし、3次調査に関しては、1964年4月11日の届出に「発見の物品は学術研究の必要上東北大学日本文化研究所（第2トレンチ出土品）と倉敷考古館（第3トレンチ出土品）に保管しておき、調査研究後は長崎県教育委員会に返還することになっています」という記載が残されている。

　1966年、鎌木が岡山理科大学教養部に赴任することになり、これに伴って、2・3次調査の出土品が岡山理科大学に移される。また、同年、芹沢から鎌木に宛てた封書の中には「福井洞穴第1次調査資料については、全部領収いたしました」という領収書が同封され、領収書のあて先は、「倉敷考古館館長　武田潔真様」となっている。しかしながら、現在、1次調査の出土品が倉敷考古館に遺されており、その取り扱いの経緯に不明なところが多い。

　2次調査の出土品は、岡山理科大学の博物館実習準備室（旧鎌木義昌研究室）において、半世紀にわたって保管されてきた。鎌木の発掘ファイルは、福田貝塚をはじめとして、遺跡別に図面や写真、そして、所見の記載などが丁寧に整理されている。にもかかわらず、福井洞窟に関しては、こうした記録類が皆無であり、ガラス乾版、カラーリバーサルフィルムが数枚残されているに過ぎない。ということは、芹沢が鎌木に宛てた「1次調査資料」の領収書は、図面や写真などの記録類を指しているとも考えられるが定かではない。

5 備讃瀬戸内から中国山地へ

　岡山理科大学開学2年後の1966年、鎌木は、岡山理科大学教養部講師、翌1967年教授となる。この頃、吉備（きび）・播磨（はりま）・但馬（たじま）を舞台としながら、備前

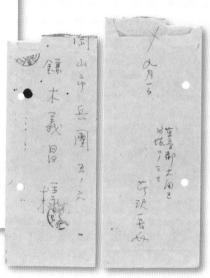

▲１次調査資料の領収書（1966年）

差出日は 1966 年 9 月 1 日、消印は 9 月 3 日と推測される。

（岡山理科大学博物館学芸員課程提供）

高島遺跡、大飛島遺跡、備前車塚古墳などの発掘のとおり、岡山大学の近藤義郎を意識しながら、古墳時代・歴史時代に関心を広げていたようである。

　1975 年、鎌木は理学部基礎理学科の新設にあわせて、まさに、師・山内の東京帝国大学理学部人類学教室に倣って、人類学教室を開設する。翌 1976 年川中健二、その後、1980 年亀田修一、1988 年池田次郎が着任し、自然人類学者 2 名、考古学者 2 名からなる欧米型の人類学・考古学研究室としての陣容が定まる。そして 1990 年代以降は、若き小林博昭、白石純を率いて、中国山地の蒜山原遺跡群を精力的に発掘し、晩年は、再び旧石器研究に邂逅する。西北九州、備讃瀬戸内、そして、中国山地の旧石器時代の関係を整理しつつ、後進の育成に邁進していった。

（徳澤啓一）

◀黒島貝塚から
　出土した縄文時代
　早期の土器
（岡山理科大学博物館学芸員
課程提供）

◀井島遺跡出土した
　旧石器時代の石器
（岡山理科大学博物館学芸員
課程提供）

▶▼鷲羽山遺跡出土した旧石器時代の
　石器（右）と発掘の様子（下）
（岡山理科大学博物館学芸員課程提供）

鎌木義昌の発掘調査の履歴

岡山県の遺跡は県名を省略した。

年代	調査地
1943（昭和18）	備前黄島遺跡(牛窓町)。備中高島遺跡(笠岡市)
1947（昭和22）	黄島貝塚(～1948／牛窓町)。黒島貝塚(～1948／牛窓町)。田井長崎鼻遺跡(～1948年／玉野市)
1948（昭和23）	伊木末遺跡(香川)。大内田貝塚(岡山市)
1949（昭和24）	竹原貝塚(岡山市)。岩宿発見。磯の森貝塚(倉敷市)
1950（昭和25）	福田古城貝塚(倉敷市)。船津原貝塚(倉敷市)。前山遺跡(倉敷市)。門田貝塚(邑久町)。郡貝塚(岡山市)。涼松貝塚(～1951／船穂町)
1951（昭和26）	御崎野遺跡(奈義町)。島地貝塚(倉敷市)。高尾貝塚(岡山市)。羽島貝塚(倉敷市)
1952（昭和27）	鷲羽山遺跡分布調査(倉敷市)
1953（昭和28）	金蔵山遺跡(岡山市)
1954（昭和29）	鷲羽山遺跡(倉敷市)。堅場島遺跡(倉敷市)。井島遺跡(香川県直島町)
1957（昭和32）	河内国府遺跡(大阪府)
1958（昭和33）	隋庵古墳(総社市)
1959（昭和34）	福井洞窟(長崎県佐世保市)
1960（昭和35）	福井洞窟1次(長崎県佐世保市)。直谷岩陰(長崎県佐世保市)
1961（昭和36）	遠目遺跡(長崎県東彼杵町)。高尾貝塚(岡山市)。高田貝塚(岡山市)。神宮寺山古墳(岡山市)。砂子山古墳群(総社市)。長福寺裏山古墳群(笠岡市)
1962（昭和37）	大飛島遺跡(笠岡市)
1963（昭和38）	福井洞窟2次(長崎県佐世保市)
1964（昭和39）	福井洞窟3次(長崎県佐世保市)
1965（昭和40）	唐臼墳墓群(中央町)
1966（昭和41）	八幡大塚2号墳(岡山市)。ササ遺跡(兵庫県養父町)。禁裡塚古墳(兵庫県養父町)。熊野遺跡分布調査(兵庫県養父町)。ぐいび谷遺跡(備前市)
1967（昭和42）	一宮天神山古墳(岡山市)。備前高島遺跡(岡山市)。こうもり塚(総社市)。三野公園団地1号墳(岡山市)。日尾古墳(備中市)。備前高島遺跡(1次・岡山市)。琴浦高裏山遺跡(倉敷市)。諏訪神社境内内住居跡(中央町)。御台場古墳(岡山市)。備前車塚古墳(～1968／岡山市)。不老山東口備前焼窯跡(～1968／備前市)
1968（昭和43）	向山遺跡(倉敷市)。楢津古墳(岡山市)。赤坂古墳群(岡山市)。津島遺跡(岡山市)。備前高島2次(岡山市)
1969（昭和44）	大飛島遺跡(笠岡市)。石井古墳(岡山市)。八神古墳(総社市)。備前高島遺跡3次(岡山市)
1970（昭和45）	西山古墳群(総社市)
1972（昭和47）	片島遺跡分布調査(笠岡市)
1974（昭和49）	飯田長越遺跡1次(兵庫県姫路市)。福井遺跡(総社市)
1975（昭和50）	中央町遺跡分布調査(吉備中央町)。陣山遺跡(高梁市)。北坂根遺跡(兵庫県滝野町)。飯田長越遺跡2次(兵庫県姫路市)。鶴池遺跡(兵庫県小野市)
1976（昭和51）	哲西町遺跡分布調査(哲西町)。出合遺跡(兵庫県神戸市)。総合老人ホーム建設予定地内遺跡(総社市)。蒜山原遺跡分布調査(真庭市)。本郷遺跡(高梁市)
1978（昭和53）	箱崎古墳(岡山市)
1982（昭和57）	蒜山原遺跡群(真庭市)
1985（昭和60）	江ノ上経塚(兵庫県加西市)。古ノ浦遺跡(兵庫県家島町)。頓崎9号墳(川上村)
1986（昭和61）	頓崎7号墳(川上村)
1987（昭和62）	平尾墳墓群(香川県綾歌町)
1988（昭和63）	森北町遺跡(兵庫県神戸市)

二人二脚の考古学 ───────

間壁忠彦

MAKABE Tadahiko 1932-2017

1 その仕事、その人～妻・葭子とともに～

　間壁忠彦は、1932年(昭和7)、岡山県児島郡甲浦村(現・岡山市)に生まれる。岡山大学卒業後、1954～2015年(平成27)まで、倉敷考古館で常時5人ほどの私立の館に勤め、館長になっても何も変わらず、館のすべての業務に対応した生涯だった。しかし、一方では倉敷市の文化財保護や美観地区問題の委員長も渾身で務めてきた。また、その間には、各地の大学で非常勤講師として、博物館学や考古学関係講座も担当した。85歳で他界するまで、旧石器時代から近代まで、考古学的方法で検討に努め、成果は速やかに『倉敷考古館研究集報』で世に問うてきた。寡黙で取りつきにくい面もあったが、真面目ですべての人に平等を旨とした。こうしたことで、多くの学者や研究者との知遇を得たようだ。

　忠彦は学生の頃、住所近くの瀬戸内に面する岬や、井島(岡山県側は石島と呼ぶ)などで遺跡を探していた。1948年、彦崎貝塚(岡山市)が東京大学人類学教室により調査された。周辺高校の学生有志が、今でいうボランティアで参加した。こうした時のメンバーが集まり、学生考古学会と名乗ったが、いわば発掘事業のボランティア学生団体だった。忠彦は彦崎貝塚の調査には参加していないが、高橋護・武田(間壁)葭子らと共々にこの会に参加。1950年、岡山県の涼松貝塚や、香川県豊島の神子ガ浜遺跡の発掘調査に参加する。この年の秋には、鎌木義昌による福田貝塚(倉敷市)の調査に忠彦・葭子・高橋・武田らも参加する。縄文研究の泰斗、山内清男も参加。山内は発掘終盤、発掘区壁面の遺物包含層のみの横堀を要求。これは本来タブーだが、有名な

▲福井洞窟発掘の年に

1959年9月倉敷考古館にて。左が忠彦、右が葭子。（間壁・間壁1992）

▶メキシコ土産の黒曜石イミテーション

倉敷考古館在職中、海外へは交代で。館来訪者への対応が大切と心得ていた。黒曜石原産地の露店の土産物。

▶退職前に二人で行った海外旅行

（2012年9月）
アルメニアの首都エレバン市・世界遺産ス
ヴァルトノッツ遺跡内にて。アルメニアは
コーカサス山脈の国、著名な黒曜石産地。
忠彦は原産地見学が希望だったが、団体短
期観光のため実現せず。ただ二人の海外旅
行もその写真も、生涯これだけである。

山内発掘法でもあった。遺物層位は間違いなくわかる。掘り過ぎて壁面崩落。
他の発掘区では気付かぬ程度だったが、山内だけは飛んでくる。厳しくも一
番気遣っている先生だった。遺物の一つ一つと、その出土状況などこそ、真
実の歴史だと勉強していた。忠彦が高校3年生の頃である。

2 直谷岩陰・福井洞窟との邂逅
～夫・忠彦が生前語っていた自らの所見～

　1950年11月に倉敷考古館が開館。忠彦は入学した大学の方は二の次で、考古館に足繁く通う。

　当時館長は不在で、主事として鎌木が在職、岡山では古い歴史をもつ吉備考古学会の責任者も任されていた。忠彦は1954年、大学4年生の時、館の職員となる。

　それまで、福田貝塚2次調査や羽島貝塚(倉敷市)、金蔵山古墳(岡山市)調査などに従事する。以後、西北九州の調査では福井洞窟の調査にも参加、『考古学集刊』掲載の図・写真の制作にも関わる。1次調査の際には高橋とともに、直谷岩陰も調査。以来、倉敷での調査は里木貝塚・広江浜遺跡・王墓山古墳群などなど数えることも大変なほどである。

　長年月後の2014年、福井洞窟の現地を訪れた忠彦は、第2トレンチが半世紀たってもまだ崩れずに残っていることに甚く感動。「50年後の今も発掘の空井戸を上からのぞけたのだ。20世紀の遺跡を見る思い」と。

　30才前後の頃、裸電球一個で、6m近く手掘りした場所。2～3層あたりでは、多少の土器片とともに、黒曜石の多量な細石刃や見事な石核が出土。宿で古い折り返付作業ズボンの裾から、土とともに細石刃や石片が採集される始末だった、と忠彦の言。

　「深くなるほどに、階段を残さねばならず、自然と掘り方も狭くなり、発掘区はさながら井戸掘りの状況、……人工物は来る日も来る日も見つからない……最下層付近で見つかった安山岩石器が発見された時は、深さも手伝って発掘者一同興奮の時間を過ごした。」と懐かしく思いつつも、ただ珍しさや古さが問題でなく、いかに人間の生きてきた歴史を、正しく土中から知り、伝えるかが仕事と考えてきた生涯である。

　最下層の石器も、再調査による正しい評価の中で、井戸掘りの日々が正しく評価されることを願っていたのである。

（間壁葭子・桺田裕三）

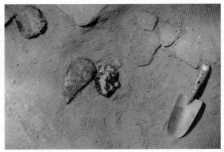

▶福井洞窟発掘調査の様子（左）と出土遺物（右）（1969年）
　上の写真は、第2トレンチを6m掘削した状況。（倉敷考古館提供）

▲直谷岩陰の発掘調査（上）と出土遺物（下）（1965年）
（岡山理科大学博物館学芸員課程提供）

野岳遺跡の発見者

井手寿謙

IDE Juken 1908-1991

1 あだ名は「石狂人（せっきょうじん）」

　井手寿謙（いでじゅけん）は、本地寺（ほんちじ）第36代住職であった。旧制大村中学校時代に考古学を独学で修め、級友からは「石狂人」とあだ名されながらも、考古学を生涯の「趣味」として遺跡の発見、遺物の採集に勤しんだ在野の考古学者である。

2 東彼杵（ひがしそのぎ）の山中に遺跡を求めて

　井手の採集活動は3期に区分できる。1期は、旧制大村中学在学にあたり、通学路沿いに遺跡の発見である。代表的な遺跡としては竹松遺跡や野岳型細石刃核（せきじんかく）の標式遺跡として知られる野岳遺跡があげられる。

　2期は、本地寺に帰山した1934年（昭和9）から応召される1944年までの10年間で、表面採集活動の全盛期である。この時期、井手は東彼杵町の山中に分け入り、江戸時代以降に築造された溜池で蕪堤（かぶらつつみ）遺跡など多くの遺跡を発見しており、その足跡は佐賀県嬉野（うれしの）にまで及ぶ。井手は山中の溜池で採集した石器のなかに石鏃（せきぞく）や石匙（いしさじ）とは趣を異にするナイフ形石器・台形石器・細石器（さいせっき）の存在に気付いており、それがヨーロッパ・中央アジアの旧石器に類似することを大山柏（おおやまかしわ）や鳥居龍蔵（とりいりゅうぞう）らの書籍から認識していたことは間違いない。

　3期は戦後の時期である。1949年に再開、1975年（当時67歳）に活動を終えた。表面採集にお供をするのは愛犬のポチであった。採集した遺物は1万点以上にのぼる。そのうち旧石器時代の資料は東彼杵町歴史民俗資料館に、縄文時代以降の資料は大村市歴史資料館に寄贈されている。

◀福井洞窟3次調査のころ
（56歳ごろ）（個人蔵）

▶旧制中学時代に
　発見した野岳遺跡
（野岳湖周辺）

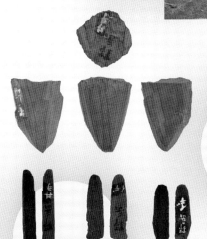

▲丁寧に整理された野岳遺跡の石器

◀井手が採集した野岳遺跡の細石器

野岳型の標式となる。上が細石刃核、下が細石刃。（東彼杵町教育委員会提供）

3 「野岳の再発見」

　1959年4月13日の夕刻、土砂降りの本地寺を芹沢長介・鎌木義昌が訪ねた。芹沢の名を承知していた井手にとって待望久しい旧石器研究者の来訪であった。井手は二人の求めに応じ、戦前から採集したという石器類を惜しげもなく開陳した。彼らは、それを旧石器と評価した。井手にとってはその夜は長年の疑問が解決した記念すべき夜となった。この日のことについて、芹沢は、「この資料が1930年代あるいは40年代のはじめに研究者の誰かによって注目されていたなら、岩宿の発見を俟たずして、日本の旧石器時代研究は着手されていたことであったろう」（芹沢1982）と述懐し、鎌木も井手は古くから、「この種の石器が、国外の古い石器に類似する事実に気づいており、その慧眼に一驚を喫した」（鎌木・間壁1965）と記す。

4 福井洞窟と井手寿謙

　芹沢・鎌木は、1960〜64年にかけて福井洞窟を3回調査している。井手はいずれの調査にも参加しているが、芹沢からの誘いであったことは疑いない。福井洞窟は戦前の本殿改築の際、約1mほど掘削されている。その時人骨が出土し、社務所に保管されていた。その人骨を東京大学人類学教室が研究のため借用することになり、井手が読経をしたという（鎌木・芹沢1967）。
　1961年、鎌木・間壁忠彦は、西北九州綜合調査特別委員会の一環で遠目遺跡を発掘した。遺跡は、陸上自衛隊大野原演習場内にあり、発掘調査の承諾を得るために井手がその任に当たって自衛隊との交渉し快諾を得たらしい。

5 井手寿謙の人となり

　井手寿謙は、考古学を終生の「趣味」とした粋人であった。大のプロレス好きで知られ、また表面採集には愛犬ポチを同道させ、書斎で読書をするときは愛猫ミーをその膝の上に乗せるなど動物好きでもあった。本地寺を訪ねた研究者・学生にはことのほか親切で、資料の実見・実測はおろか一宿一飯をもてなすのが常であった。

（川道　寛）

▲▶ 遠目遺跡遠景
（1961年）
（岡山理科大学博物
館学芸員課程提供）

▲遠目遺跡の石器出土状況（1961年）
（岡山理科大学博物館学芸員課程提供）

▲井手文庫の1冊
見返しにある芹沢のサインがある。
井手は芹沢来訪の数日前に買い求め
ていたという。

昭和卅四年四月十三日
九州に細石器を尋ねての途次
芹澤長介

気骨の考古学者 ——————————

古田正隆

FURUTA Masataka 1915-2000

1 中国での憲兵時代と長崎県島原市への移住

　1915年(大正4)山形県酒田市生まれ。5人兄弟の長男であった古田正隆の少年時代は、好奇心旺盛な子供であったらしく、よく学校の理科室から顕微鏡を持ち出しては、色々なものを観察していたという話が残っている。小学校卒業から県立山形中学校に進んだと言われているが、この頃の様子についてはわからないことが多い。

　その後、古田は同県出身の石原莞爾の影響を受けてか憲兵として中国大陸へ渡る。そののち、北京大学文学部在学。日本の敗戦、日ソ中立条約の破棄によるソ連軍の対日参戦から慌ただしく帰国の準備を行い、1945年(昭和20)12月に家族とともに下関港(山口県下関市)に上陸し、日本に帰国。地元である酒田市に帰郷する。その後、妻の地元である長崎県島原市に生活の拠点を移す。

2 島原での考古活動

　古田が定住した島原の沿岸部には干満差が6mもある浅海の有明海があり、漁師の網にしばしば動物の化石骨が引き揚げられるというニュースを古田は聞き、これらの資料を実見して、ナウマンゾウの化石骨であることを確認していた。古田は、この有明海が古くは象の生息する陸地であった時代があり、その後に海水面が上昇し、海没したことを認識したと考えられる。そこから象を追ってやってきた人類の痕跡(遺跡)が存在するのではないかと考

◀自宅書斎にて(65歳ごろ)

(個人蔵)

▶烏帽子岳満場
西方ノ池の発
掘調査(1956年)

(個人蔵)

えたのだろう。古田は有明海の干潮時に現地踏査を繰り返し、やがて島原市
三会下町干潟遺跡から旧石器時代を特徴付ける石核石器や剝片石器を発見す
るのである。

3 佐世保初の発掘

　昭和30年代に入ると古田の考古学に対する熱意は次第に高まり、少しず
つであるが専門誌に資料紹介を行うようになった。また、島原から佐世保に
遠征し、1956年11月17日〜11月21日の5日間で、佐世保市烏帽子岳満場
西方ノ池の発掘調査を行っており、これは佐世保市における最初の学術的な
発掘調査となったのである。

　現在、『佐世保市烏帽子岳遺跡基礎調査の概要』という題名で古田自身の手書きの報告書が市文化財課の書庫に残されており、この報告書によると市教育委員会社会教育課、文化館を中心として基礎調査を計画、将来的な本調査を目的として、市内各高等学校などの協力を得て古田が基礎調査を実施したもので、烏帽子岳を中心とした分布調査が行われ、遺跡の分布図や遺構図、土層図、遺物実測図、写真などが記録に収められている。

　また、古田は松瀬順一と同様に福井洞窟の遺物の表採を行っており、1959年3月下旬、古田が旧石器時代の遺跡を探索していた芹沢長介と鎌木義昌に福井洞窟で縄文時代早期の遺物が採集されているという重要な情報を伝える。同年12月22日に芹沢・鎌木が福井洞窟を訪れ、松瀬が表採した遺物を実見し、縄文時代早期の遺物のみならず、旧石器時代の石器に類似した特徴をもつものを確認した。それらからヨーロッパで発掘されるような旧石器時代の洞窟があるとすれば福井洞窟がそれではないかと話し合い、できるだけ早い機会に発掘を実施するという点で一致。福井洞窟の重要性を認識した芹沢・鎌木によって、発掘調査が実施される運びとなった。このように古田の情報提供によって、福井洞窟の発掘調査が始まる要因になったことは言うまでない。

　また、鎌木・芹沢が担当者として福井洞窟1次調査～3次調査の実施に際し、古田も調査員として積極的にすべての発掘調査に参加している。

4 縄文農耕論と遺跡の保存活動

　1957年8月28日に古田が山ノ寺遺跡で採集した「籾の圧痕土器」が発端となって、その土器は森貞次郎によって、「山ノ寺式」土器と命名、その時期は九州縄文時代晩期の黒川式と夜臼式の間に位置づけられ、ここに九州を中心とする縄文時代後期および晩期における縄文農耕の問題について、予測する始源期の年代が示されて「縄文農耕」論争に一石を投じることとなる。日本考古学協会では1959年の総会で西北九州綜合調査特別委員会を設けて、そこで縄文時代以前の文化と弥生時代の起源を探究するという二つのテーマで実態を探る調査を実施。1960年に佐賀県の女山、長崎県の原山、山ノ寺遺跡、翌年には長崎県の礫石原、小浜(黒谷)、百花台、小ヶ倉遺跡の発掘が

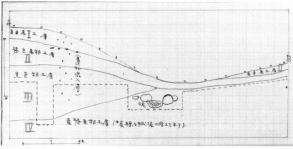

▲▶烏帽子岳遺跡
　基礎調査概報と
　出土資料（1956 年）
（佐世保市教育委員会提供）

▶烏帽子岳遺跡発掘調査の様子
層位や分布、型式学的認識のもとに実
施された。（佐世保市教育委員会提供）

行われた。

　また、古田には過去に開発によって遺跡が崩壊させられたという苦い経験
があり、公共の手によって、遺跡が適切に保護・保存されるだろうかという
危惧があった。1972 年に玄界灘に面する現・平戸市で、水門遺構や多量の
木製品類を検出した里田原遺跡に対して、古田は遺跡の保存について、山ノ
寺遺跡や原山遺跡などと同様の遺跡の破壊が起こらないための方策を模索
し、現在につながる文化財の保存・活用運動へと発展させていったのである。

（溝上隼弘）

福井洞窟を発見した郷土史家 ──────

松瀬順一

MATSUSE Junichi 1892-1975

1 考古学との出会い

　1892 年(明治 25)長崎県北松浦郡吉井村(現・佐世保市)生まれ。比較的裕福な農家に育ち様々な趣味をもっていた。中でも彼の心を強くつかんだものが考古学であった。20 歳のときに字熊頭の芋畑で黒曜石製の石鏃を採集したことをきっかけにのめり込むようになった。1914 年(大正 3)に妻チカと結婚、8 人の子どもを育てる傍ら精力的な分布調査を続け、1935 年(昭和 10)に福井稲荷神社本殿の改築工事で掻き出された土砂の中から縄文土器を発見し、これがのちに福井洞窟の発見につながることになった。松瀬の分布調査は吉井村内にとどまらず、隣の世知原村(現・佐世保市)にも及んでおり、木浦原で採集された磨製石剣はその代表的な遺物といえる。

2 考古学者との交流

　1951 年に実施された京都大学による平戸学術調査に際して、松瀬は自らの原点ともいえる熊頭遺跡の採集資料を提供して研究を依頼。調査担当者であった樋口隆康はこれらの資料群を 3,000 年以前の縄文時代の所産と判断した。松瀬の調査成果に初めて学術的な判断が示されたのである。この時の資料をはじめとする松瀬の採集遺物は佐世保市島瀬町にあった佐世保市産業文化館(現・佐世保市博物館島瀬美術センター)に寄託され、展示されていた。同館は当時長崎県北地域で唯一の博物館的施設だったことから、彼杵の井手寿謙や島原の古田正隆らが採集した遺物も寄託され、展示されていた。これが岩

◀史跡大野台支石墓群にて
（個人蔵）

▶吉井町公民館における資料調査
右から間壁忠彦、鎌木義昌、芹沢長介、1人おいて松瀬。
（佐世保市教育委員会提供）

宿遺跡に続く旧石器時代遺跡の探究を続けていた芹沢長介、鎌木義昌の耳に入り、彼らが佐世保を訪れるきっかけを作った。1959年12月、松瀬は芹沢、鎌木らと吉井町公民館で面会し自らの採集品を示し、福井洞窟や直谷岩陰の現地を案内した。福井洞窟を訪れた芹沢は旧石器時代まで遡る公算が大きいと判断。翌1960年に1次調査が実施されるに至った。

3 名誉町民として

　福井洞窟の発見など松瀬の功績は地元吉井町も高く評価し、1969年に名誉町民第1号に選出された。松瀬は晩年調査や散策の傍ら吉井駅へ花を贈り続けた。1975年12月6日没。長年の松瀬の功績に対して、吉井町は町民葬を営んだ。

（川内野篤）

五島列島の郷土史家

瀬尾泰平

SEO Yasunari 1926-2020

1 戦後すぐに地元で遺物探し

　1926年（大正15）、長崎県北松浦郡宇久村神浦（現・佐世保市）生まれ。戦時中、硫黄島作戦のための訓練を受け、戦後の1948年（昭和23）に長崎青年師範学校（現・長崎大学）を卒業し、宇久中学校教諭として勤務することとなる。帰郷後すぐに島内で土器・石器の採集を開始し、城ヶ岳平子遺跡、長崎鼻遺跡、西泊遺跡など、それまで知られていなかった遺跡を次々と発見した。宇久島の歴史を一から紐解いた第一人者である。

2 膨大な量の瀬尾コレクション

　瀬尾は太平洋戦争中、海軍に所属し硫黄島奪還作戦に従事するために訓練を受けていたが、従軍することなく終戦を迎えた。終戦後まもなく、故郷である宇久島へ戻り、教鞭をとることとなる。どのような経緯により、島内で遺物の採集をし始めたのか知る由もないが、採集地点は島内全域にわたっており、週末に徒歩で出掛けていた。

　瀬尾の自宅は雑貨類を扱う「瀬尾商店」も営んでおり、専ら妻が切り盛りし、瀬尾は隙を見つけては遺物採集に出掛けていた。遺跡にかける情熱はすごく、自宅の一室はまるで研究室の如く遺物と書籍が取り囲んでいた。筆者が挨拶に伺うと、「この遺物は見せたことはあるか？」「この遺物は誰々（研究者）が若い時にわざわざ見にきたんだ」「この遺物が出土するところを教えてやる！」と優しく、時には何度も教えてもらった。瀬尾コレクションは、

◀ 大浜遺跡周辺で次男
との遺物採集（個人蔵）

▶ 城ヶ岳平子遺跡
（1984年10月）
右が瀬尾。長崎県立美術
館による調査を視察。
（個人蔵）

時代判読ができるものや教育資料として活用することができるもののみが室
内に保管され、それ以外は自宅向かいの仮倉庫のような場所に無造作に収納
されていた。瀬尾は几帳面な性格から、遺物とともに採集時期や簡易地図、
所見を箱書きやメモとして残している。その箱書きの中でもっとも古いもの
は1945年の城ヶ岳平子遺跡の石器群で、石槍や石鏃、スクレイパーなど
271点が収められている。

　現在、瀬尾コレクションは佐世保市教育委員会が保管している。逝去する
数ヵ月前に「自分の目が黒いうちに、すべてアンタ（佐世保市に）に渡す」と
言われ、その後、遺族からも全遺物の寄贈を申し出られた。

　市へ寄贈された宇久島内の遺物は石器、土器、貿易陶磁器、近世陶磁器な
ど膨大な量となっており、「瀬尾コレクション」は旧石器から近世に至る五
島列島の歴史を物語る上で貴重な資料群といえる。

（松尾秀昭）

黎明期の九州考古学を牽引 ────

賀川光夫

KAGAWA Mitsuo 1923-2001

1 戦後九州の考古学

　別府大学元学長賀川光夫は、1923 年（大正 12）栃木県那須烏山町（現・那須烏山市）で生まれた。

　1947 年（昭和 22）、賀川は、鏡山猛指導のもと大分県佐伯市下城遺跡の現地踏査を行った。鏡山は、九州大学考古学講座初代教授、九州歴史資料館の館長に就任するなど九州考古学界の基礎を作った人物である。賀川と鏡山は登呂遺跡（静岡）の発掘調査で知り合い、下城遺跡でともに調査を行うこととなる。

　下城遺跡の発掘調査は、1948 年 6 月と 11 月に行われた。この調査は、東九州の弥生文化の発見というだけでなく、盛永俊太郎（九州大学農学部）による植物遺体の鑑定を取り入れるなど戦後最初期の学際的な調査であった。当時、このような調査は珍しく、東アジア考古学の発展に尽力した駒井和愛（東京大学）、日本考古学協会各種委員も務め、賀川の恩師である八幡一郎、文化財保全活動や幅広い分野で活躍した斎藤忠（文部省）、朝鮮半島の考古学発展に尽力した有光教一（京都大学）が立ち会った。

2 西の登呂「安国寺遺跡」の発見

　大分県国東市に所在する安国寺遺跡は、別府湾に注ぐ田深川の流域、泥炭層の中に埋没した弥生時代から古墳時代初頭の遺跡である。下城遺跡の発掘に啓発された河野清美（櫻八幡神社宮司、大分県史蹟名勝天然記念物調査委員）が、安国寺遺跡の現状を賀川に伝えたことで、1949 年 2 月と 11 月、賀川、鏡山

▲宇木汲田遺跡
　日仏合同調査団
（1965〜66年）左がプレジオン、
右が小田富士雄と。

（2点とも『賀川光夫先生──アルバム・
　作品・追悼文集・年譜──』2003より）

▲第四次海外学術調査団長として
　ビルマに出張（1984年11月〜12月）

らの試掘調査、1950〜1952年、九州文化総合研究所と大分県教育委員会の5
次にわたる発掘調査が実施された。

　当時、九州は研究調査機関に乏しかったため、藤原勘治（毎日新聞社）など
の提唱によって、菊池勇夫（九州大学前総長）は、杉本勝次（福岡県知事）、山脇正
次（福岡商工会議所）とともに九州文化の総合的研究の発展に貢献するために、
九州文化総合研究所を設立したという経緯がある。

　研究所の調査主任は鏡山が務め、調査には、賀川、森貞次郎、乙益重隆、
渡辺正氣、岡崎敬、松尾禎作、坂本経堯、曾野寿彦、入江英親、田辺哲夫
が参加した。東洋史から日野開三郎、地理学・地質学から松本達郎、植物学
から細川隆英などが集まり、学際的なメンバーで調査がすすめられた。

　調査の結果、安国寺遺跡は弥生時代終末期から古墳時代初期までの遺跡と
わかった。泥炭層の中に埋没していたことから、植物遺体や木器を出土して
いる。稲作に関連する植物遺体や木器が出土し、登呂遺跡に因んで「西の登
呂」と呼ばれた。

3 受け継がれる精神

　賀川は、1951年に別府大学の前身となる別府女子大学に移り、その2年後、恩師の八幡と早水台遺跡の調査に着手した。賀川は大学での要職にありながら、日本考古学協会が設置した西北九州綜合調査特別委員会や洞穴遺跡調査特別委員会でも委員を務め、1962年には聖嶽洞穴遺跡など、県内のみならず九州一円の遺跡の調査・研究に尽力した。

　賀川は、早くから国際的な学術交流に尽力した。1965・1966年、佐賀県唐津市での九州大学とパリ大学との日仏合同調査に参加し、調査の指導にあたった。また、中国の研究者を招き、最新情報や学術的成果の紹介に努めた。浙江省考古学会長の毛昭晰と交流を深め、タイに赴いて焼畑の調査を行い、インドやビルマなどにも足を運び現地の民族調査を行っている。国際的な学術交流を通じて九州の考古学発展に貢献した。

4 大分県聖嶽洞穴遺跡問題

　聖嶽洞穴の最初の調査から38年が経過した2000年(平成12)、旧石器時代人骨とともに旧石器が出土した実態の検証を主題として国立歴史民俗博物館が主体となる再発掘調査が実施される。再検証の結果、中世人骨や縄文時代の石器の可能性なども指摘されていたのだが、思いもよらぬ報道があった。2001年1月、聖嶽洞穴の捏造に賀川が関与した疑いがあるかのように報道された。この報道に賀川は第三者の研究者による検証作業を通じた記者会見を行うなど真摯に対応する。しかし、報道は会見に触れることなく疑惑関与を強調する記事が続いた。賀川は深く悲しみ、自ら生涯を閉じた。2001年11月1日、遺族は報道機関を名誉棄損で提訴した。結果的に裁判は3年にわたり、2004年7月15日最高裁判所で遺族側の勝訴が確定したが、このことは学界や関係者に深い傷を残している。

　聖嶽洞穴遺跡の疑惑を論証するには客観性のあるデータの裏付けが必要であり、研究の公開や報道の在り方が問われている。我々研究者は、賀川が生涯実践した「白石の如く」学問に向き合う姿勢、現場に足をつけた研究に学ぶ必要がある。

（中原彰久）

賀川光夫の主要な発掘調査と研究履歴 (清水宗昭作成)大分県の遺跡は県名を省略した。

年代	調査地
1948(昭和23)	下城遺跡(佐伯市)
1949(昭和24)	安国寺遺跡(国東市)
1953(昭和28)	早水台遺跡(日出町)
1954(昭和29)	日本考古学協会「大分県早水台遺跡について」発表。弥勒寺跡・虚空蔵寺跡(宇佐市)
1957(昭和32)	白潟遺跡(佐伯市)
1958(昭和33)	琉球沖縄考古調査(沖縄)
1960(昭和35)	福井洞窟1次(長崎県佐世保市)
1961(昭和36)	日本考古学協会大会にて「長崎県山寺遺跡調査」発表
1962(昭和37)	日本考古学協会洞穴遺跡調査特別委員会特別委員。聖嶽洞穴(佐伯市)
1963(昭和38)	福井洞窟2次(長崎県佐世保市)
1964(昭和39)	「日本人とアジア人の形質研究と先史文化の研究」別府大学、長崎大学。深堀遺跡(長崎市)
1965(昭和40)	「農耕文化に関する合同研究」　別府大学、九州大学、東北大学、東京大学。日本考古学協会大会開催(学会長)別府大学・日仏合同学術調査委員　九州大学、パリ大学。大石遺跡(緒方町)
1966(昭和41)	日本考古学協会にて「シンポジウム縄文晩期の農耕問題」発表。脇岬遺跡(長崎県野母崎町)
1967(昭和42)	大分市周辺新産業都市調査団長。馬場・中ノ原古墳群(大分市)。黒山遺跡(大分市)
1971(昭和46)	法鏡寺跡(宇佐市)。虚空蔵寺跡(宇佐市)
1974(昭和49)	「曽畑式土器文化と朝鮮半島櫛目文土器の研究」別府大学、韓国崇田大学、全南大学。粉洞穴(中津市)　竜宮洞穴(竹田市)
1975(昭和50)	韓国史蹟調査(ソウル、扶余、慶州)
1977(昭和52)	日本考古学協会大会にて「粉洞穴の研究」を発表(熊本大学)
1978(昭和53)	臼杵石仏復元委員会委員(文化庁)
1980(昭和55)	シンポジウム「骨からみた日本人の起源」発表(長崎大学)
1981(昭和56)	中国科学院古脊椎動物古人類研究所より招待をうける(中国)
1982(昭和57)	国際シンポジウム「東アジアの古人類と旧石器文化」にて「中国の旧石器文化」発表(別府大学)
1983(昭和58)	シンポジウム「古墳以前の宮崎地方」(宮崎市)。タイの焼畑現状調査
1984(昭和59)	国際学術研究会にて「日本国家成立に関する問題」を講演(別府大学)。シンポジウム「古墳時代の宮崎地方」(宮崎市)。海外学術調査団長として(ビルマ文化省)
1985(昭和60)	大分県考古学会発足・日本考古学協会にて「日本における稲作の起源」講演(日本大学)
1986(昭和61)	シンポジウム「韓日古代文化の諸問題」にて「日本における稲作」を発表(韓国ソウル市)
1987(昭和62)	天津社会科学院・中国日本史研究会より招待「考古学よりみた中・日交流」特別講演
1988(昭和63)	「三角縁神獣鏡の問題点」発表(中国上海市歴史学会)
1989(平成元)	シンポジウム「日中韓を結ぶ稲の道」(別府大学)
1990(平成2)	シンポジウム「臼杵摩崖仏の諸問題」(大分放送、大分市)
1991(平成3)	シンポジウム「東アジアにおける弥生文化と安国寺集落遺跡」講演(国東市)
1992(平成4)	シンポジウム「先史古代の日韓交流と大分」基調講演(大分)
1993(平成5)	「アジア文明交流史シンポジウム」「北部九州弥生時代環濠集落」で討論(福岡県福岡市)
1994(平成6)	「臼杵摩崖仏」について講演(九州国立博物館誘致委員会、大分市)
1995(平成7)	「シンポジウム日韓交流の考古学」「そのルーツを訪ねて」訪韓団長(釜山市ほか)
1996(平成8)	日田フォーラム「弥生時代の小迫辻原」で講演(別府大学、日田市)
1997(平成9)	「古代宇佐仏教と東アジア―虚空蔵寺跡出土の塼仏の源流―」で講演
1999(平成11)	「河姆渡遺跡と安国寺集落遺跡」で講演(中国交流事業実行委員会)
2000(平成12)	記念講演「九州考古学70年」(九州考古学会)

旧石器研究のオピニオンリーダー

芹沢長介

SERIZAWA Tyousuke 1919-2006

1 銈介と長介

　芹沢長介は、1919 年（大正 8）10 月 21 日静岡市に生まれた。父の銈介は、民藝運動主唱者で哲学者である柳宗悦を師とし、1956 年（昭和 31）に重要無形文化財「型絵染」保持者（人間国宝）となり、世界的にも評価された工芸家である。長介の卓抜した美的感覚は、このような生い立ちに関係している。

2 芹沢の考古学と写真術

　芹沢は静岡で大沢和夫に考古学の指導を受け、16 歳のころ加藤明秀との共著で「静岡における細線紋指痕薄手土器と其搬出石器」を著した。

　17 歳ごろからは、東京で杉山寿栄男、山内清男、酒詰仲男、八幡一郎らの薫陶を受け、考古学の視野を広げていった。杉山は父銈介とも親しい図案家であるとともに、考古遺物やアイヌ工芸品の収集家でもあり、芹沢に大きな刺激を与えた（藤沼1997）。そして山内は、後に芹沢と説を大きく異にするが、編年と型式学を重視する姿勢は芹沢の研究に大きな影響を与えた。

　その一方で 19 歳のころには写真家土門拳に師事し、学んだ撮影術を後に考古学に活かした。芹沢は「土門拳先生について青年期の二年間、写真の技術を学んだことも、私の貴重な体験であった。写真の途からそれて、再び考古学へ立ち戻ってはきたけれども、そこで学びとったものは単なる写真の撮りかただけではなかった」（芹沢1960）と記している。土門拳写真研究所退職後も交流は続き、土門との『石器時代の日本』『日本人の原像』合作に繋がった。

▶実験使用痕研究に
用いた金属顕微鏡
と芹沢（1980 年頃）
（東北大学大学院文学研究
科提供）

▲福井洞窟 2 次調査で写真撮影をする芹沢（右）と鎌木（左）
（1963 年）（岡山理科大学博物館課程提供）

3 旧石器研究の始まりと鎌木義昌との出会い

　芹沢は第二次世界大戦終結後、1947 年に明治大学専門部地理歴史科に入
学し、この頃より後藤守一に師事した。

　1949 年に相澤忠洋が発見した岩宿遺跡と関東ローム層から出土する石器
の存在を知り、杉原荘介とともに日本で初めてとなる土器を有しない無土器
文化—後に旧石器文化と呼ぶこととなる—の調査を実施した。芹沢は、日
本における旧石器文化の存在を積極的に評価し、これらの発掘が従来の「地
質学界と考古学の長年にわたる常識」を覆したと評した（芹沢 1962）。

　1951 年には全国 2 例目となる旧石器時代の茂呂遺跡（東京）の調査を武蔵野郷土館とともに実施した。芹沢はこの時に、生涯の友人となる鎌木義昌（当時、倉敷考古館主事）と出会っている。

　その後芹沢は、後期旧石器時代の遺跡の発掘に邁進する。日本で初めて細石刃石器群の存在を証明した矢出川遺跡（1953 ／長野）、北海道・サハリン・中国東北部・沿海州・バイカル湖周辺にも分布が知られる荒屋型彫刻刀を出土する荒屋遺跡（1958 ／新潟）、タチカルシュナイ遺跡（1958 ／北海道）、神山型彫刻刀の指標遺跡となった神山遺跡（1958 ／新潟）などを発掘した。

　とりわけ、1956 年旧石器時代の終末と縄文時代の起源を探る遺跡となる本ノ木遺跡（新潟）を発掘し、この遺跡をめぐって山内清男と熾烈な論争となった。

　芹沢は 1957 年に大学院を修了し講師となり、この年海外の旧石器文化を概観し、日本の無土器文化をテーマとした『先史時代上　無土器文化』（芹沢 1957）の著者に抜擢され、旧石器研究の牽引を委ねられた。

4 洞窟遺跡と前期旧石器の探究

　明治大学を辞した後、1960 年『石器時代の日本』を上梓した。題字は父芹沢銈介によるもので、第Ｘ章と第Ⅺ章の一部は後に伴侶となった大山恵子の分担執筆によるもの、先述の通り巻頭写真は脳出血を患った土門拳より受け取ったものであり、芹沢の人生を色濃く写した作品となった。

　このころ、鎌木との共同調査で福井洞窟の 1 次調査（1961）、橋立岩陰（1961 ／埼玉／吉田格と共同調査）、磯山遺跡（1961・1962 ／栃木）を実施した。

　1963 年に東北大学文学部附属日本文化研究施設・文学部考古学研究室の助教授に就任し、1964 年から前期旧石器文化を追い求める発掘を開始した。早水台遺跡（1964 ／大分）、星野遺跡（1965〜1967 ／栃木）がその例として挙げられる。右の写真は、新天地仙台で充実した日々を過ごす芹沢の雰囲気をうかがう事ができる。

　1982 年に、芹沢は自身の研究をまとめた『日本旧石器時代』を上梓した。この図書は、芹沢の幅広い研究の中で旧石器時代の研究を概説的にまとめられたもので、特段に平易な表現で構成されている。これらの素晴らしい業績を残し、1983 年に芹沢は東北大学教授を定年退官した。

▶福井洞窟３次
　調査参加者と
　芹沢(1969年)
芹沢は後列右から4
人目。(東北大学大学
院文学研究科提供)

▲東北大学考古学研究室卒業式・修了式
　　(1964年)(東北歴史博物館提供(林謙作旧蔵))

前列右から、芹沢、不明、伊東信雄、小笠原好彦、
須藤　隆、相原康二 、遠藤勝博、(後列右から)桑
原滋郎、工藤雅樹、林謙作、藤沼邦彦、伊藤玄三。

▲芹沢の著書

▶福島県塩坪遺跡発掘調査
　現場で出土石器を撮影中
　の芹沢(1971年)(平口哲夫提供)

5 前・中期旧石器・遺跡捏造事件

　2000年(平成12)11月5日に毎日新聞の報道により、藤村新一による前・中期旧石器・遺跡捏造事件が発覚した。これを受け、日本考古学協会には検証委員会が設置され、藤村が関わった遺跡の関係者の一人として芹沢も調査に応じた。

　芹沢は2001年1月の『中央公論』に「波乱の考古学界を憂える」という手記を発表し、自身の所感と前期旧石器文化の研究そのものを絶やすべきではないと訴えた。

　この時点で捏造事件の全貌、すなわち捏造に関与した人物、その動機や目的、そして、実際に捏造された遺跡は十分に明らかにされておらず、これまで前・中期旧石器研究を牽引してきた芹沢の一つ一つの発言が一人歩きしかねず、芹沢の意図や思いと異なる議論を誘導されかねない状況であった。実際、この手記に対して、芹沢の姿勢や認識について批難する意見もある。

　芹沢は有言実行の人であった。事件後、早水台遺跡(2001・2002)、鶴ケ谷東遺跡(2004)の調査を実施し、前期旧石器文化の存在を証明し、また研究の火を消すまいとした。

6 恩師・芹沢との思い出

　私は東北大学に入学し、1988・1989年の荒屋遺跡(第2・3・4次調査)の発掘などに参加し、芹沢の薫陶を受けた。その後1992年助手となり、芹沢とその学問に接する機会に恵まれた。芹沢から聞いた福井洞窟や旧石器時代終末期(晩期旧石器時代)に関する所感のなかで、深く印象に残っている言葉がある。それは、日本における隆起線文土器などの所謂縄文時代草創期については、石器群の構成と生業からみて縄文文化とせず晩期旧石器時代と捉えるべきであると語ったことである。

　また、助手の任期を終了し岡山理科大学に赴任することになった際に、「君は福井洞窟をやるんだ」との送別の言葉を受けたことは、その後の研究で私の強い励みとなっている。

(富岡直人)

▲荒屋遺跡現地説明会にて（1988年）（東北大学大学院文学研究科提供）

▲芹沢長介先生を囲む会（2005年）
前列左から3人目に芹沢、その右に恵子夫人、右端が筆者。（佐川正敏提供）

▶芹沢長介先生を囲む会で
　スピーチする芹沢（2005年）
　（佐川正敏提供）

西北九州から大陸を思考した考古学者 ────

杉原荘介

SUGIHARA Sousuke 1913-1983

1 九州考古学との出会い

　若き日の杉原荘介は東京考古学会を組織した森本六爾に師事した。病床の森本から口述筆記を論文にまとめ、さらに最後の言葉を記録した(杉原1936)。1936年(昭和11)1月、森本六爾32歳、杉原荘介23歳であった。当時、杉原の研究は東京考古学会が掲げる原始農耕社会の解明に関わるものであり、九州考古学との出会いは弥生時代研究から始まった。

　1940年8月、杉原は、稲作初期の弥生土器が採集され注目されていた、遠賀川畔の福岡県水巻町立屋敷遺跡の発掘調査を実施する。それは、東京考古学会の盟友、藤森栄一、九州考古学会の田中幸夫、鏡山猛、児島隆人、森貞次郎、岡崎敬など、多くの研究者が集った記念碑的な調査であった。当時の調査の様子や人間模様は藤森栄一の「遠賀川日記」(『かもしかみち』収録)に詳しい。杉原は調査記録を『遠賀川─筑前立屋敷遺跡調査報告─』(1943)として自らまとめ、その後出征した。

2 岩宿遺跡の発掘

　1948年、明治大学助教授に着任した杉原は、静岡県登呂遺跡の発掘調査の実務を担いながら、日本考古学協会の設立に尽力する。そして1951年、日本考古学協会に弥生式土器文化綜合研究特別委員会が設置されると、自ら委員長として「弥生式土器文化発生」の解明を掲げ調査研究を推進する。森、岡崎らとともに最古の弥生土器と縄文土器の関係を求めて、福岡県夜臼遺跡、

◀九州での
　発掘の頃
　　（明治大学博物館提供）

▲杉原荘介編『遠賀川
　―筑前立屋敷遺跡―』
　（1943年）

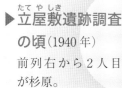

▶立屋敷遺跡調査
　の頃（1940年）
前列右から2人目
が杉原。

板付遺跡など、重要遺跡の調査を実施していった。
　こうした弥生時代研究と前後する、1949年9月、杉原は、芹沢長介、相澤忠洋、岡本勇らと群馬県岩宿遺跡の発掘調査を実施して、ローム層中より更新世の石器文化を確認するのである。この岩宿遺跡の発掘調査を契機として、杉原と芹沢は日本における縄文時代以前の石器文化の探究を開始していくこととなる。やがて、二人は北関東から南関東へ、さらに中部高地へ、石器群を求めて新たな調査研究のフィールドを開拓していった。

3 西北九州考古学の黎明期

　1950年代後半、九州では佐賀県多久市綿打遺跡において旧石器時代石器群の層位的発掘調査が実施された（松岡1958）。そして翌年には、福岡県駕輿丁池の旧石器・縄文時代関係資料の報告（中原・渡辺1958）や研究の現状が学会で発表された（「北九州の無土器文化予報」昭和33年西日本史学会秋季大会1958年11月など）。この一連の研究は、富桝憲次・松岡史・増本正彦・中原志外顕・渡辺正氣ら、おもに福岡県や佐賀県唐津市を中心とする研究者の活動によるものである。こうした動きによって、中央の研究者も西北九州の資料に注目することとなり、1959年の芹沢、鎌木義昌らの九州の旧石器探査旅行へと展開する。

　当時、福岡・佐賀地域の弥生時代遺跡の調査に関わっていた杉原の下には旧石器時代の遺跡や資料に関する情報が着々と集まったのであろう。多久三年山遺跡報告書の序文（杉原・戸沢・安蒜1983）で述べたように、佐賀県教育委員会の木下之治から県内の遺跡に関する様々な情報を得たことは確かである。

4 西北九州綜合調査特別委員会の調査

　1959年10月、日本考古学協会に西北九州綜合調査特別委員会が設置され杉原は委員長に就いた。そして、翌年から西北九州では本格的な旧石器調査が開始されることになる。

　杉原が指揮したのは、多久三年山遺跡・茶園原遺跡はサヌカイト、平沢良遺跡は黒曜石という二つの石材産地に関わる遺跡の調査である。当時、土器を伴わない「黒曜石を原材とした小形の石器類」と「讃岐石を原材とした大形の石器類」が注意されていた（杉原・戸沢・安蒜前掲）。1960年8月11日から25日に多久三年山遺跡・茶園原遺跡、1961年8月10日から28日に平沢良遺跡・鈴桶遺跡の発掘調査を戸沢充則とともにそれぞれ実施した。後者の平沢良遺跡については、多久三年山遺跡の調査途中に予備調査を実施して発掘を決定している。

　鬼ノ鼻山北麓の多久三年山遺跡では、本州における先土器時代の後期を代表する「Pointの文化」が存在し、九州独自の性格をもっていることを明ら

◀多久三年山遺跡の調査日誌
（たくさんねんやま）
（明治大学博物館提供）

▲◀平沢良遺跡の発掘調査の様子（上）
（ひらぞうら）
と出土した石器群（左）
（明治大学博物館提供）

かにした(杉原・戸沢 1960)。また、茶園原遺跡では圭頭形の形態や三年山遺跡との編年的関係が注意された。さらに、腰岳北麓の平沢良遺跡では黒曜石主体の石刃技法の様相や、「中部・関東地方のナイフ形石器を伴うインダストリー」との関係が検討された(杉原・戸沢 1962)。また、幾何学的な形をした細石器とナイフ形石器の関係にも注意が払われたが確認できなかった。
（こしだけ）
（さいせっき）

5 なぜ西北九州を発掘するか

西北九州綜合調査特別委員会では「旧・中石器時代の存在」、「日本農業の起源問題」の解明が掲げられ、1959 年 11 月 6 日朝日新聞朝刊において「なぜ西北九州を発掘するか」として、委員長の杉原自らがその意義について論

じている。

　中国大陸や朝鮮半島との関係が重視される西北九州において、旧石器時代の終末期、弥生時代開始期の問題は今日においても重要なテーマである。そのうち、旧・中石器時代に関して杉原の言葉を借りれば、「いままで関東地方その他で発見されているものと、多少系統が異なるのではないかというところに興味がある」、「旧石器時代に属すると思われるものは、讃岐石製の大きなヤリ先の形をしているもの、中石器時代の石器の形の特徴は細石器といわれる小形のものである」、「それは九州にいつごろから人間が住みはじめたかだけでなく、日本人の最初の文化である旧・中石器時代の文化の日本全体の様子が、よほどよく分ってくるということになるのである」となる。

　さらに杉原は、委員会が掲げた二つのテーマについて、「それは両者とも、従来の日本の文化の伝統を破るものであるという性格をもっている。そして、それらの文化が存在している場所が、九州の西北端であるということである。これは、もしかしたら両者とも他の地域、たとえば大陸の文化の影響を受けて成長したものではないであろうかという思いをもたせるのである。」と述べる。この視点こそ、杉原が時代を超えて一貫して、西北九州をフィールドとし続けた核心であろう。それは、岩宿遺跡の報告で述べた「その人々の故郷が大陸にあるとすれば、その渡来は陸橋によるとすることが妥当である。岩宿Ⅰ文化も、突然出現したのではなく、日本においてはさらに古い文化より順次変化したものとしなければならない」(杉原1956)にも呼応する。

　1963年、杉原は戸沢とともに唐津市原遺跡の調査を実施する。「ナイフ形石器と細石刃(細刃器)の共存」、「細石器としてのナイフ形石器」、「台形石器の性格」、「先土器時代終末期の様相」という、西北九州の研究課題を自ら解明するためであった。結果として、掲げた課題の解決には至らなかったが、遺跡が先土器時代終末期の変動する時代、地理的環境も歴史の動きに敏感な地域に属するものであることを考慮すべきとされたのである。

　このようにみると、杉原が主導した西北九州における旧石器時代遺跡の調査は、サヌカイトの尖頭器、黒曜石の石刃とナイフ形石器、ナイフ形石器と細石刃の共伴という、文化的側面からみた課題を一貫して追究するものであったことは確かである。この視点は、西北九州における学史的命題として長期にわたって引き継がれていくことになる。

　　　　　　　　　　　　　　　　　　　　　　　　　　　　　(杉原敏之)

杉原荘介の九州のおもな調査研究履歴(大塚編 1984 参照)

年代	調査地
1940(昭和 15)	立屋敷遺跡発掘(福岡県水巻町)
1943(昭和 18)	『遠賀川―筑前立屋敷遺跡調査報告―』(葦牙書房)出版。明治大学専門部文科卒業。11 月応召。『原始学序論』葦牙書房(12 月)
1946(昭和 21)	文部省嘱託教科書局勤務。歴史教科書『くにのあゆみ』編纂に従事
1947(昭和 22)	明治大学専門部講師。登呂遺跡発掘(～1950／静岡)
1948(昭和 23)	明治大学専門部助教授、日本考古学協会設立に尽力、日本考古学協会登呂遺跡特別調査委員会委員
1949(昭和 24)	明治大学文学部助教授(新制大学)。岩宿遺跡発掘(9 月／群馬)
1950(昭和 25)	九学連合対馬総合調査団委員(～1954)
1951(昭和 26)	日本考古学協会弥生式土器文化綜合研究特別委員会委員長(～1958)。茂呂遺跡発掘(7 月／東京)。夜臼遺跡・板付遺跡発掘(8 月、～ 1974 ／福岡)
1952(昭和 27)	城ノ越貝塚発掘(8 月／福岡)
1953(昭和 28)	明治大学文学部教授。上ノ平遺跡発掘(5～12 月／長野)。金木遺跡発掘(6 月／青森)。「日本における石器文化の階梯について」『考古学雑誌』第 39 巻第 3 号(8 月)
1954(昭和 29)	「群馬県新田郡岩宿遺跡」『日本考古学年報 2』日本考古学協会。武井遺跡発掘(1～5 月／群馬)。矢出川遺跡発掘(9 月、～1963 ／長野)
1955(昭和 30)	「弥生文化」『日本考古学講座』第 4 巻編著
1956(昭和 31)	『群馬県岩宿発見の石器文化』明治大学文学部研究報告考古学第 1 冊(9 月)
1957(昭和 32)	『神奈川県夏島における縄文文化初頭の貝塚』明治大学文学部研究報告考古学第 2 冊(12 月)
1958(昭和 33)	「縄文時代以前の石器文化」『日本考古学講座』3。桜馬場遺跡発掘(佐賀)
1959(昭和 34)	10 月日本考古学協会西北九州綜合調査特別委員会委員長。「なぜ西北九州を発掘するか」『朝日新聞』11 月 6 日朝刊
1960(昭和 35)	多久三年山遺跡予備調査(5 月)。多久三年山遺跡・多久茶園原遺跡発掘(8 月 11 日～25 日／佐賀)
1961(昭和 36)	平沢良遺跡・鈴桶遺跡発掘(8 月 10 日～28 日／佐賀)。「1 佐賀県多久三年山石器時代遺跡について」『日本考古学協会第 26 回総会 研究発表要旨』日本考古学協会(戸沢充則共著)。「西北九州の考古学的綜合調査の成果」『朝日新聞』
1962(昭和 37)	「佐賀県伊万里市平沢良の石器文化」『駿台史学』12 駿台史学会(戸沢共著)。原遺跡発掘(8 月 20 日～25 日／佐賀)。「1 佐賀県多久茶園原石器時代遺跡について」『日本考古学協会第 27 回総会 研究発表要旨』日本考古学協会(戸沢共著)。「5 佐賀県伊万里市周辺の石器時代遺跡」『日本考古学協会第 28 回総会 研究発表要旨』日本考古学協会(戸沢共著)
1964(昭和 39)	休場遺跡発掘(9～10 月／静岡)
1965(昭和 40)	『日本の考古学』Ⅰ「先土器時代」編著(5 月)
1966(昭和 41)	「九州における特殊な刃器技法―佐賀県伊万里市鈴桶遺跡の石器群―」『考古学雑誌』51-3(戸沢充則・横田義章共著)
1967(昭和 42)	「日本先土器時代の新編年に関する試案」『信濃』19-4「"SUGIHARA'S Hypothesis"を破ってほしい」『考古学ジャーナル』8(5 月)
1968(昭和 43)	月見野遺跡発掘(9 月～10 月、～1969 ／神奈川)
1971(昭和 46)	「佐賀県原遺跡における細石器文化の様相」『考古学集刊』第 4 号 No6 東京考古学会(戸沢共著)
1973(昭和 48)	『長野県上ノ平の尖頭器石器文化』明治大学文学部研究報告考古学第 3 冊(9 月)
1974(昭和 49)	『日本先土器時代の研究』講談社。板付遺跡の発掘(8 月／福岡)
1975(昭和 50)	『北海道白滝服部台における細石器文化』明治大学文学部研究報告考古学第 3 冊(10 月)
1977(昭和 52)	『群馬県武井における二つの石器文化』明治大学文学部研究報告考古学第 4 冊(10 月)。『日本農耕文化の形成』吉川弘文館(11 月)
1983(昭和 53)	『佐賀県多久三年山における石器時代の遺跡』明治大学文学部研究報告考古学第 9 冊(3 月)。9 月 1 日逝去(享年 69 歳)

岩宿遺跡の発見者

相澤忠洋

AIZAWA Tadahiro 1926-1989

1 市井(しせい)の考古学者

　1926年(昭和元)東京府生まれ。その後鎌倉市に移住し、浅草で丁稚奉公を
する。第二次世界大戦では志願兵となり、敗戦後、父がいた群馬県桐生市
に復員。その後、行商をしながら遺跡調査を行い、1946年岩宿(いわじゅく)遺跡を発見。
1949年岩宿遺跡発掘によって日本列島に「旧石器時代」が存在していたこ
とが証明された。相澤は、生涯市井の考古学者として、赤城(あかぎ)山東南麓を自分
のフィールドと定めて研究を続けていた。

2 岩宿遺跡の発見と発掘

　1945年、桐生市に復員した相澤は、「かごから解き放たれた」(相澤1969)
小鳥のように、それまで様々な事情でできなかった考古学研究に思う存分取
り組めるようになった。相澤の生業は、村を回って当初は小間物を売る行商
であったが、のちに納豆の行商に替わっていった。当時、赤城山麓は、戦中
の松根油採取のための掘り起こしや食糧難に伴う開墾で多くの山林が切り拓
かれていたが、土器や石器を探すには大変好都合であった。相澤は行商の合
間に遺跡の調査を進めたが、自ずと遺跡が多い赤城山麓から桐生市周辺が、
相澤の研究フィールドとなったのである。

　そのような中、1946年秋に岩宿遺跡で黒曜石製の石片を発見した。その後、
相澤は何度となく岩宿遺跡を訪れ、石器が関東ローム層から出土しているこ
とを確認し、土器が伴うかどうか注意深く調査を進めたという。1949年有

◀納豆を売る相澤
（1960年代）
（相澤忠洋記念館所蔵）

▲岩宿遺跡で発見さ
れた石槍（長さ：6.9cm）
（岩宿博物館所蔵）

◀岩宿遺跡を調査する
相澤（相澤忠洋記念館所蔵）

名な槍先形尖頭器を発見すると、「旧石器時代」の存在を確信した相澤は、研究者に意見を求めたいと考えた。そのような中で、江坂輝弥宅で芹沢長介に会い、そこで岩宿遺跡の事実をそっと打ち明けた。岩宿遺跡で発見された石器は明治大学考古学研究室に持ち込まれ、直ぐに発掘を実施することとなった。1949年9月11日、岩宿遺跡で発掘調査が実施され、「旧石器時代」の存在が証明されたのである。

3 赤城山麓の考古学調査

　岩宿遺跡で有名な相澤であるが、自己の研究フィールドである赤城山麓（群馬）では、様々な時代の遺跡の調査を行っている。福井洞窟の発掘に参加する以前について述べると、岩宿時代の槍先形尖頭器文化では三ツ屋遺跡（1950）、元宿遺跡（1955）の発掘調査を行い、武井遺跡を明治大学に紹介して発掘に導いている。細石器文化では当初は船底形石器とされたが、2次調査以降はホロカ型細石刃核をもつ石器群に位置づけられた桝形遺跡1・2次調査（1953・1973）を実施している。縄文時代草創期では、爪形文土器と関連する遺構が発見された西鹿田中島遺跡（1958）の発掘調査が有名である。また「前期旧石器時代」とされる権現山遺跡（1950）や不二山遺跡（1948）も調査している。

　上記の著名な遺跡以外にも、縄文時代では、岩宿遺跡の古さを追究するため、縄文時代早期の遺跡調査を積極的に行っていた。また縄文時代の住居跡を何ヵ所も発掘調査している。さらに、相澤資料から確認することができる時代については、古墳の調査や集落の発掘、瓦や瓦塔などの資料が多いことから瓦窯跡の調査もさかんに行っていた（小菅他 2022）。

4 芹沢長介と相澤忠洋

　芹沢は、相澤が発見した岩宿遺跡を発掘調査へと導いた立役者として有名であり、終生相澤と親密な交友関係があったことが知られている。芹沢が主催した発掘調査には必ずと言ってよいほど参加しており、茂呂遺跡（1951／東京）、矢出川遺跡（1954／長野）、本ノ木遺跡（1956／新潟）、荒屋遺跡（1958／新潟）、磯山遺跡（1962／栃木）、星野遺跡（1964／栃木）などの遺跡調査の記録に相澤の名前が記されている。

　福井洞窟の発掘調査には、1・2次調査に参加している。1960年の1次調査では調査日記が残されており、A区の調査を担当している。その日記には連日多数の細石刃核や細石刃、さらに土器が出土しているという記述がある。1963年の2次調査では調査日誌の下書きと考えられる記録が残されている。このときもA区の調査担当であり、同じ区では橘昌信や大塚和義も調査していた。この調査では発見者の松瀬順一の寄書帳に記録が残ってい

るように多くの研究者と親交を深めていたことがわかる。

　また、当時、九州という遠方に出かけることは少なかったと考えられる。調査終了後は、野岳遺跡(長崎)など九州の遺跡を見学しており、その時に採集されたと考えられる石器が相澤資料の中に認められる。

5 福井洞窟調査後の相澤

　福井洞窟1次と2次の間に、相澤はより広い家に転居し、研究も生活も安定していたようだ。1967年には、本ノ木遺跡と類似した多数の石槍が出土した石山遺跡(1967／群馬)を発掘している。その後芹沢が「珪岩製旧石器」の研究を始めると、相澤も同様な調査研究を進め、磯遺跡(1970／群馬)や夏井戸遺跡(1973／群馬)の発掘を実施している。しかし、1970年以降になると、病のため入退院を繰り返すようになり、1989年(平成元)に逝去した。

　相澤は、1965年実際の縄文時代の遺跡の調査を中心としたNHKのドキュメンタリー番組に出演した。その中で、最後には洞窟遺跡を発掘し、人骨を掘り出したいという夢が語られるが、残念ながらその夢を実現することはできなかった。

(小菅将夫)

相澤忠洋の岩宿時代研究の履歴

群馬県の遺跡は県名を省略した。

年代	調査地
1946(昭和21)	岩宿遺跡を発見(みどり市)
1948(昭和23)	元宿遺跡を発見(桐生市)。不二山遺跡調査(桐生市)
1949(昭和24)	岩宿遺跡で槍先形尖頭器を発見(みどり市)。岩宿遺跡最初の発掘調査。第1回岩宿遺跡本調査に参加
1950(昭和25)	第2回岩宿遺跡本調査に参加(みどり市)。権現山遺跡(伊勢崎市)。藪塚遺跡(太田市)。三ツ屋遺跡(前橋市)
1951(昭和26)	桝形遺跡(1次1回目、前橋市)
1953(昭和28)	清水山遺跡(桐生市)。桝形遺跡(1次2回目、前橋市)。武井遺跡(杉原荘介と試掘)
1954(昭和29)	桝形遺跡(1次3回目、地質調査、前橋市)
1955(昭和30)	元宿遺跡(桐生市)
1956(昭和31)	本ノ木遺跡1次調査に参加(新潟県津南町)
1957(昭和32)	本ノ木遺跡2次調査に参加(新潟県津南町)
1958(昭和33)	荒屋遺跡発掘調査に参加(新潟県長岡市)、西鹿田中島遺跡(みどり市)
1960(昭和35)	福井洞窟1次調査に参加(長崎県佐世保市)
1963(昭和38)	福井洞窟2次調査に参加(長崎県佐世保市)
1967(昭和42)	伊勢崎市石山遺跡を発掘調査(伊勢崎市)
1973(昭和48)	桝形遺跡2次調査(前橋市)

「人間・遺跡・遺物」の考古学 ————

麻生 優

ASOU Masaru 1913-2000

1 土器の起源を求めて

麻生 優が「第2の故郷」と言い、「洞穴の街—佐世保—」の言葉を贈ったのは、1974年(昭和49)の泉福寺洞穴(指定後、泉福寺洞窟)の調査が佳境に入った時であった。この頃、当初からの目標であった最古の土器群の様相は、これまでの隆起線文土器よりも古い地層で豆粒文土器を発見して採り上げに成功し、一方では爪形文土器よりも新しい時期の押引文土器まで細石器が出土するということであった。「洞穴の街—佐世保—」という言葉は明らかに土器文化の始原を一時期古くしたことと、細石器文化の終わりを新しくしたことにあった。この輝かしい成果に対して贈られたものであったろう。

2 東京から西北九州へ

もともと麻生は佐世保市とは縁もゆかりも無い東京下町生まれの生っ粋の江戸っ子であり、國學院大學から明治大学大学院へ進んで考古学を究めた。在籍中から当時大勢を占めていた、単に遺物から見る編年論のみに終始する調査方法に疑問を抱いて、遺物・遺構の出土状態からそこで繰り広げられた人間行動を再現し、そのことから「ヒトとは何か」に学問として迫る必要があると考えていた。1960年に福井洞窟での最古の土器の年代について、放射性炭素年代測定によって1万年を越える数値が示されると、この数値の信憑性や土器出現の要因などについて大きな関心が寄せられた。1963年に有明海干拓に関わる総合調査の一環として担当した百花台遺跡の発掘は、出土

◀千葉大学にて（60歳ころ）
（麻生優退官記念論文集 1997 より）

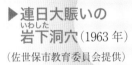

▶連日大賑いの
岩下洞穴（1963 年）
（佐世保市教育委員会提供）

地点を克明に記録する調査であったが、野外遺跡の場合はまだ複数の包含層の比較研究では必ずしも期待するところが少なかった。しかし麻生は後氷期の海進と土器出現の関係が密接につながっていると認識して、福井洞窟と地理的に近い西北九州の地域で福井洞窟の成果を再認識するとともに、定められた空間のなかでの人間行動の軌跡を追究するための格好な遺跡として、それを洞窟遺跡に求めたのである。

　麻生と佐世保市が深い絆で結ばれるようになったのは、実見した佐世保の洞窟遺跡が研究の上で有望であることを『洞穴遺跡調査会報』に紹介した1964 年からのことで、麻生 33 歳の時である。佐世保市は軍港という暗いイメージから脱却した文化都市を目指すことから早速に依頼し、ここに市内の洞窟遺跡を媒体とした麻生と市の信頼関係が生み出されたのである。これ以後、岩下洞穴（予備・第 1〜3 次）、下本山岩陰（1 次〜2 次）、泉福寺洞窟（1 次〜10 次）までの 20 年間にわたって洞窟遺跡の調査が続くのである。

◀泉福寺洞窟
　10次調査
　（1979年）
　（佐世保市教育委
　員会提供）

▶菰田洞穴で麻生最後の
　洞窟調査（1999年）
　（佐世保市教育委員会提供）

3 「発掘者」として

　麻生がいう「原位置」論に基づく発掘では、出土した遺物の地点を克明に記録した図面を作成することが要求されるが、このための大きな役割を演じたのが「発掘者談話会」である。会は麻生の情熱と真摯な態度に惹かれ集まった者達で、学閥にとらわれない同好の士であった。

　ややもすればこのような発掘方法が多くの時間と労力を必要とするところから、日本では理論ではわかるが、実践となると躊躇、後退する世情にあって、操作の改良や問題意識を確認してその集大成として泉福寺洞窟の調査に望んだのである。それは1970〜1979年まで膨大な数の図面を作り上げ、これらの成果は3年の整理合宿を経て、1984年に『泉福寺洞穴の発掘記録』として学会にこたえ、佐世保市は麻生の調査の全額を単独経費で賄い、また市政功労者として讃えたのである。

（下川達彌）

麻生優の発掘調査の履歴

年代	調査地
1947（昭和22）	園生貝塚（千葉）
1950（昭和25）	上原遺跡（長野）。平出遺跡・粟島貝塚（千葉）
1954（昭和29）	堀之内貝塚（千葉）
1955（昭和30）	蜆塚遺跡1次（静岡）
1956（昭和31）	御蔵島ゾウ遺跡（東京）。蜆塚遺跡2次（静岡）
1957（昭和32）	矢出川遺跡（長野）。神津島ほか島内調査。蜆塚遺跡3次（静岡）
1958（昭和33）	蜆塚遺跡4次。西貝塚（静岡）
1963（昭和38）	百花台遺跡（長崎）
1964（昭和39）	岩下洞穴予備調査・1次調査（長崎）
1965（昭和40）	岩下洞穴2次調査（長崎）。百花台遺跡2次（長崎）
1966（昭和41）	岩下洞穴3次調査（長崎）
1967（昭和42）	筏遺跡（長崎）。十三菩提遺跡（千葉）
1970（昭和45）	下本山岩陰1・2次調査、泉福寺洞穴1次（〜10次・1979／長崎）
1975（昭和50）	野尻湖6次（長野）
1980（昭和55）	泉福寺洞穴　整理合宿1次（長崎）
1981（昭和56）	野尻湖8次（長野）。泉福寺洞穴　整理合宿2次（長崎）
1982（昭和57）	野尻湖陸上発掘（長野）
1983（昭和58）	野尻湖陸上発掘（長野）
1984（昭和59）	矢島遺跡（群馬）
1985（昭和60）	清水堆遺跡1次（千葉）
1986（昭和61）	清水堆遺跡2次（千葉）
1987（昭和62）	野尻湖10次（長野）
1989（平成元）	池ノ原遺跡（岐阜）
1981（平成3）	山口遺跡（千葉）
1982（平成4）	大寺山洞穴測量調査（千葉）
1993（平成5）	大寺山洞穴1次（千葉）
1994（平成6）	大寺山洞穴2次（千葉）
1995（平成7）	大寺山洞穴3次4次（千葉）。杉ノ尾洞穴・横手遺跡（長崎）
1996（平成8）	大寺山洞穴5次（千葉）
1999（平成11）	菰田洞穴1次・牽牛崎洞穴（長崎）
2002（平成13）	菰田洞穴2次（長崎）

▶**佐世保でのひととき**

宿舎前にて学生とバスを待つ。

（1979年）

（佐世保市教育委員会提供）

第4章

洞窟遺跡と
西北九州の
先史研究

1 考古学史研究の意義

『巨人の肩に立つ』という言葉には、学史研究の意義が端的に示されている。先学研究者の足跡、研究史は、現研究の軌跡や成果・課題を把握し、今後の進むべき方向性を知る上で重要である。とりわけ、考古学においては、発掘史・人物史を重ねることで、先人の目指した地平線を新たな視座で越えていくことが期待される。

西北九州をフィールドに活躍した先学研究者の発掘史から、「文化の起源」・「時代のはじまり」を如何にとらえ、遺跡から何を読み取れるか現場で奮闘した様子が浮かび上がる。それは時に相対する考えとの論争となり、新たな研究を進展させている。

> 時代の潮流を生み出した発掘とその研
> 究の源。学史研究の意義を考えよう。

2 学史と論争

　1953 年(昭和 28)、芹沢長介は長野県矢出川遺跡で細石刃を発見する。1958年新潟県荒屋遺跡で他とは異なる細石器文化を確認し、全国各地に細石器文化が広がることを想定する。一方、1956 年に山形県日向洞窟や岩手県卯ノ木遺跡で「縄の圧痕文土器(押圧縄文土器)」が発見され、山内清男は始原土器と位置づける。続いて、芹沢が山内の名代で新潟県本ノ木遺跡を発掘し、翌年山内が 2 次調査を行い、多量の石槍が発掘される。しかし、芹沢は土器と尖頭器とは時期差のあるものと捉え、山内は共伴を肯定するという解釈に違いが生まれる。この発掘を契機に両者は縄文時代の始まりを巡った立場の違いを明確にし、「本ノ木論争」と後に呼ばれる論争を繰り広げる。

芹沢は杉原荘介（すぎはらそうすけ）と調査した神奈川県夏島貝塚（なつしま）の放射性炭素年代測定結果（9,450±400BP）が1959年に杉原に伝えられると、縄文時代早期の撚糸文土器（よりいともん）の年代的位置づけを議論の前提とし、縄文土器は細石刃文化を母体として東アジアの一部で発生し、おのずから発展するという長期編年の見解を明らかにした。さらに、縄文文化以前の文化階層の存在を明らかにし、日本列島の旧石器時代の終末から縄文時代の起源を探究する。この論拠とし芹沢自ら実証したのが長崎県福井洞窟（ふくい）の層位的発掘調査である。2層（12,400±400BP：爪形文土器（つめがたもん）＋細石器）3層（12,700±500BP：隆起線文（りゅうきせんもん）土器＋細石器）の年代観が縄文時代の開始を約12,000年前とする根拠となった。北海道から本州・四国には有舌尖頭器（ゆうぜつせんとう）文化（き）が広がり、九州で作られた隆起線文土器の技術が四国・本州へと伝播したとし、それらの時期を「晩期旧石器時代」と称した。

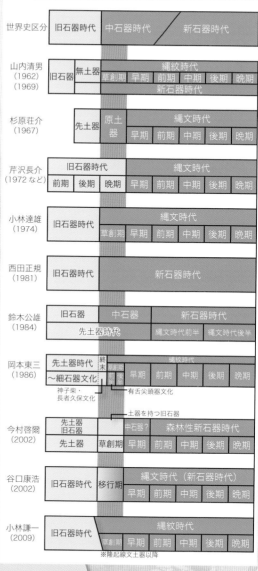

▲旧石器時代と縄文時代の時代区分
（国立歴史民俗博物館編2009を参考に作成）

　山内は縄文文化を「大陸との交渉が顕著でなく、農業の痕跡がない期間」と捉え、その起源となる最古の土器研究の必要性を説いた。矢柄研磨器（やがらけんまき）、

植刃器、有舌尖頭器などを「渡来石器」と捉え、1958年の長野県神子柴遺跡や1962年の青森県長者久保遺跡を発掘し、「長者久保・神子柴文化」を提唱する。その起源を大陸における矢柄研磨器からB.C 2,500年とした短期編年を構築する。この一連の研究を「縄紋草創期の諸問題」として早期以前を「草創期」とした6期区分の中で縄文時代を体系的に整理し、縄文文化は大陸からの伝播で成立すると捉えた。現在、縄文時代の時期区分として「草創期」が広く用いられ、年代観では芹沢の見解が追証されている。しかし、縄文文化のはじまりや地域間の文化関係は今なお続く課題である。

3 発掘と考古学者

　昭和30年代、新進気鋭の研究者が集っての発掘は、活気に溢れていた。中央と地域の研究者が繋がることで博物館などでの資料収集も進展する。その高揚は、後の文化財保護運動の醸成を構築していく。古田正隆の縄文農耕論や井手寿謙の旧石器研究、松瀬順一や瀬尾泰平の遺跡探訪がそれである。研究の進展は、先人の研究に追いつき、その視座を越えた時、新たに研究が進む。遺跡を新たな視点で見つめ直すことで、新地平が見えるだろう。　　　（栁田裕三）

◀本ノ木遺跡の発掘
(1956・57年頃)（津南町教育委員会提供）
　右から中村孝三郎、山内清男、中山淳子、
　芹沢長介、石沢演二、上原甲子郎。

▶福井洞窟の調査にて
ツルハシで石を割る
研究者(1965年)
　（佐世保市教育委員会提供）

参考文献

相沢忠洋　1969『「岩宿」の発見』講談社

相沢忠洋・関矢　晃　1988『赤城山麓の旧石器』講談社

浅海伸夫ほか　2012『昭和時代三十年代』中央公論新社

麻生　優編　1968『岩下洞穴の発掘記録』佐世保市教育委員会

麻生　優編　1972『下本山岩陰』佐世保市教育委員会

麻生　優編　1984『泉福寺洞窟の発掘記録』佐世保市教育委員会

麻生　優・白石浩之　1976「4　九州・沖縄の遺跡　百花台」『日本の旧石器文化3　遺跡と遺物（下）』雄山閣

安蒜政雄編　1988『考古学ゼミナール日本人類文化の起源』六興出版

井手　杲　2012『石狂人「井手寿謙」と家族』私家版

井手寿謙　1927「私の趣味」『玖城』第24号、旧制大村中学校

井手寿謙　1964「考古学より見たる大村地方」『大村史談』1、大村史談会4

伊万里市教育委員会　1986『鈴桶遺跡―腰岳農免道路建設事業に伴う法華遺跡・鈴桶遺跡発掘調査概要―』伊万里市文化財報告書第20集

伊万里市史編さん委員会　2006『伊万里市史　原始・古代・中世編』伊万里市

色川大吉ほか　2005『激動の昭和を見る1955-70年（昭和30〜45年）③高度経済成長編』世界文化社

大川　清・鈴木公雄・工楽善通編　1996『日本土器辞典』雄山閣出版

大塚初重　1997「考古学専攻の歩み」『駿台史学』100、30-38頁

大塚初重　2005『君よ知るやわが考古学人生』学生社

大塚初重　2014『歴史を塗り替えた日本列島発掘史』中経出版

大塚初重編　1984『考古学者・杉原荘介―人と学問―』杉原荘介先生を偲ぶ会

大塚初重・小林三郎　1962「佐賀県杢路寺古墳」『考古学集刊』4、東京考古学会

岡本東三　1997「麻生優先生を送る―フィールドから学べ―」『麻生優退官記念論文集』発掘者談話会

岡山理科大学考古学研究会編　1994『岡山理科大学考古学研究会OB会誌―鎌木義昌先生追悼号―』

小田富士雄・上田龍児　2004『長崎県・景華園遺跡の研究／福岡県京都郡における二古墳の調査／佐賀県・東十郎古墳群の研究』福岡大学考古学研究室研究調査報告第3冊、福岡大学人文学部考古学研究室、1-74頁

賀川光夫　1971『大分県の考古学』吉川弘文館

賀川光夫　1972『農耕の起源』講談社

賀川光夫　1993『瓦礫』山口書店

賀川光夫　1997「九州地方の考古学回顧（・）」『史学論叢』27、別府大学史学研究会、1-17頁

賀川光夫　2002「私と「考古学」」『別府史談』16、別府史談会、8-15頁

賀川光夫先生古稀記念事業会編　1993『賀川光夫・人と学問：賀川光夫先生古稀記念文集』賀川光夫先生古稀記念事業会

賀川光夫先生追悼文集編集委員会　2003『賀川光夫先生―アルバム・作品・追悼文集・年譜―』賀川光夫先生追悼文集刊行会

加藤晋平　1979『石器の基礎知識Ⅰ』ニューサイエンス社

鹿又喜隆ほか　2015『九州地方における洞穴遺跡の研究―長崎県福井洞穴第3次調査報告書―』

鎌木義昌　1962「長崎縣福井遺跡調査の問題点」『日本考古学協会第28回総会　研究発表要旨』

鎌木義昌・芹沢長介　1960「長崎県福井岩陰遺跡」『日本考古学協会第26回総会　研究発表要旨』

鎌木義昌・芹沢長介　1963「長崎県福井洞穴の第2次調査略報」『洞穴遺跡調査会会報』6

鎌木義昌・芹沢長介　1964「長崎県福井洞穴第3次調査について」『洞穴遺跡調査会会報』12

鎌木義昌・芹沢長介　1965「長崎県福井岩陰―第一次発掘調査の概要―」『考古学集刊』3―1、1-14頁

鎌木義昌・芹沢長介　1967「長崎県福井洞穴」『日本の洞穴遺跡』

鎌木義昌・間壁忠彦　1965「九州地方の先土器文化」『日本の考古学1　先土器時代』

鎌木義昌先生古稀記念論集刊行会編　1988『考古学と関連科学』

亀田修一　2013「巻頭言」『半田山地理考古』創刊号、岡山理科大学地理考古学研究会

川道　寛　2012「井手寿謙の『趣味』―『野岳の発見』・西日本旧石器研究の草分け―」『九州旧石器』第6号、九州旧石器文化研究会

川道　寛・杉原敏之　2019『野岳遺跡』東彼杵町文化財調査報告書第5集、東彼杵町教育委員会

九州大学　2008『九州と東アジアの考古学：九州大学考古学研究室50周年記念論文集』上巻、九州大学考古学研究室50周年記念論文集刊行会、1-6頁

九州文化総合研究所　1958『大分県国東町安国寺弥生式遺跡の調査』毎日新聞社

國學院大學日本文化研究所学術フロンティア推進事業「劣化画像の再生活用と資料化に関する基礎的研究」プロジェクト編　2004『大場磐雄博士資料目録1』國學院大學日本文化研究所

国立歴史民俗博物館編　2009『縄文はいつから⁉―1万5千年前になにがおこったのか―』企画展示解説図録

小菅将夫　2021　第75回企画展『相澤忠洋と岩宿時代研究』展示図録、岩宿博物館

小菅将夫・荻原研一・髙畠麻衣　2019　岩宿遺跡発掘70周年記念特別展①『相澤忠洋―その生涯と研究―』展示図録、岩宿博物館

小菅将夫・瀧沢典枝・藤田　慧　2022『相澤忠洋資料整理報告書』岩宿博物館

後藤守一　1998「特集　日本考古学の50年-4-」6、日本考古学協会、287-290頁

小林博昭・德澤啓一　2009「ガラス乾板写真のアーカイバル処理に関するワークフロー―岡山理科大学博物館学芸員課程所蔵コレクションについて(5)―」『岡山理科大学紀要』第45号B、岡山理科大学　21-28頁

斎藤　忠　1988『日本考古学史年表』学生社

斎藤　忠　1995『日本考古学史』吉川弘文館

佐世保市教育委員会編　2010『市内遺跡発掘調査報告書』佐世保市文化財調査報告書第4集

佐世保市教育委員会編　2016『史跡福井洞窟発掘調査報告書』佐世保市教育委員会

佐世保市教育委員会編　2022『旧石器から縄文のかけ橋！福井洞窟　洞窟を利用しつづけた大昔の人々』雄山閣

塩田文久・古田正隆　1957『島原半島に於ける縄文晩期甕棺葬の姿』島原高等学校郷土部報

清水宗昭　2001「賀川光夫先生を悼む」『古代文化』53－11、古代学協会、670-672頁

下川達彌　2002「佐世保考古学研究史」『佐世保市史』エスケイアイ・コーポレーション

下川達彌　2002「麻生優先生と佐世保」『泉福寺洞窟研究編』泉福寺洞窟研究編刊行会

下川達彌　2020「泉福寺洞穴を掘った発掘者談話会」『季刊考古学』151、雄山閣

下川達彌　2021「気骨の考古学者　古田正隆(上)」『季刊古代文化』第73巻第3号

下川達彌　2022「気骨の考古学者　古田正隆(下)」『季刊古代文化』第74巻第1号

正林　護・高野晋司　1981『国指定史跡原山支石墓群環境整備事業報告書』北有馬町教育委員会

正林　護　2001「長崎県考古学史」『九州考古学』第75号、九州考古学会、56-82頁

杉原荘介　1936「森本六爾氏の病床に侍して」『考古学』第7巻7号　東京考古学会

杉原荘介　1943『遠賀川―筑前立屋敷遺跡調査報告―』葦牙書房

杉原荘介　1949「群馬県新田郡岩和遺跡」『日本考古学年報』昭和24年度　日本考古学協会

杉原荘介　1956「群馬県岩宿発見の石器文化」　明治大学文学部研究報告　考古学　第一冊

杉原荘介　1959「なぜ西北九州を発掘するか」『東京新聞』1959年11月6日朝刊

杉原荘介　1975『日本先土器時代の研究』講談社

杉原荘介・戸沢充則　1960「1佐賀県多久三年山石器時代遺跡について」『日本考古学協会第26回総会　研究発表要旨』日本考古学協会

杉原荘介・戸沢充則　1961「1佐賀県多久茶園原石器時代遺跡について」『日本考古学協会第27回総会　研究発表要旨』日本考古学協会

杉原荘介・戸沢充則　1962「佐賀県伊万里市平沢良の石器文化」『駿台史学』12号、駿台史学会

杉原荘介・戸沢充則　1962「5佐賀県伊万里市周辺の石器時代遺跡」『日本考古学協会第28回総会　研究発表要旨』日本考古学協会

杉原荘介・戸沢充則・横田義章　1965「九州における特殊な石刃技法―佐賀県伊万里市鈴桶遺跡の石器群―」『考古学雑誌』第51巻、日本考古学会

杉原荘介・戸沢充則　1971「佐賀県原遺跡における細石器文化の様相」『考古学集刊』第4号No6、東京考古学会

杉原荘介・戸沢充則・安蒜政雄　1983『佐賀県多久三年山における石器時代の遺跡』明治大学文学部研究報告第9冊、明治大学文学部考古学研究室

鈴木忠司　1971「野岳遺跡の細石核と西南日本における細石刃文化」『古代文化』23―8、古代学協会

須藤　隆　2006「芹沢長介先生を偲ぶ」『月刊考古学ジャーナル』546、7-10頁

芹沢長介　1957「日本における無土器文化の起源と終末について」『私たちの考古学』13

芹沢長介　1960『石器時代の日本』築地書館

芹沢長介　1962「日本の旧石器文化と縄文文化」『古代史講座』第2（原始社会の解体）、301-330頁

芹沢長介　1962「旧石器時代の諸問題」『岩波講座日本歴史　第1（原始および古代）』77-107頁

芹沢長介　1965「周辺文化との関連」『日本の考古学　第2』河出書房新社、418-442頁

芹沢長介　1965「無土器文化の編年について」『考古学研究』11―3、16-28頁

芹沢長介　1967「旧石器時代の終末と土器の発生」『信濃［第3次］』19―4、249-256頁

芹沢長介　1967「洞穴遺跡と日本の旧石器」『日本の洞穴遺跡』平凡社

芹沢長介　1971「関東及中部地方に於ける無土器文化の終末と縄文文化の発生とに関する予察」『論集 日本文化の起源 第一巻』平凡社、107-149頁

芹沢長介　1974「旧石器時代　学史展望」『月刊考古学ジャーナル』100、ニューサイエンス社

芹沢長介　1975『縄文　陶磁大系1』平凡社

芹沢長介　1976「切込焼の碗と皿」『東北考古学の諸問題』513-531頁

芹沢長介　1978「宮城県加美郡宮崎町切込西山磁器工房址　切込」考古学資料集別冊1、東北大学文学部考古学研究会

芹沢長介　1979「遺跡遺物の調査法に関する研究（自然科学の方法による古文化財の研究〈特集〉）」225-227頁

芹沢長介　1982『日本旧石器時代』岩波新書

芹沢長介　1986『旧石器の知識　（考古学シリーズ11）』東京美術

芹沢長介　1994「日本民藝館講演会芹沢長介氏の語る父の横顔」『民藝』499、『民藝』編集委員会、26-32頁

芹沢長介　2001「波乱の考古学界を憂える」『中央公論』116―1、中央公論社、152-157頁

芹沢長介・須　隆　2003『荒屋遺跡：第2・3次調査報告書』東北大学大学院文学研究科考古学研究室・川口町教育委員会

高原富保編　1967『1億人の昭和史⑦高度経済成長の軌跡』毎日新聞社

富樫泰時　2022「福井洞窟発掘調査の思い出」『旧石器から縄文のかけ橋！福井洞窟　洞窟を利用しつづけた大昔の人々』雄山閣

戸沢充則　1984「杉原荘介の先土器文化研究」『考古学者・杉原荘介―人と学問―』

戸沢充則・富桝憲次　1962「佐賀県・原遺跡の石器群―唐津周辺の細石器―」『考古学手帖』14

利根川裕ほか　2005『激動の昭和を見る1940-55年（昭和15～30年）②戦中戦後編』世界文化社

富桝憲次・戸沢充則　1962「唐津周辺の細石器（Ⅱ）」『考古学手帖』15

富桝憲次・戸沢充則　1962「唐津周辺の細石器（Ⅲ）」『考古学手帖』14

富桝憲次・松岡　史　1959「佐賀の細石器（昭和34年西日本史学会春季大会発表要旨1959年6月6日・7日）」7・8号、九州考古学会

長崎県教育委員会　1966『福井洞窟写真集』長崎県文化財調査報告書第4集

中島眞澄　1977～2022『郷土研究』5号～29号、佐世保市郷土研究所

中島眞澄　2000『我がフィールドワークの記録』佐世保市郷土研究所

中島眞澄　2001～2010『談林』33号・41～50号、佐世保史談会

中島眞澄編　2002『佐世保の歴史』佐世保市史編纂室

中原志外顕・渡辺正氣　1958「福岡県糟屋郡駕輿丁池池畔の石器文化」『九州考古学』5・6号、九州考古学会

中村政則・森　武麿　2019『年表昭和・平成史1926-2019』岩波書店

日本考古学協会西北九州綜合調査特別委員会　1960「島原半島（原山・山ノ寺・礫石原）及び唐津市（女山）の考古学的調査」『九州考古学』第10号、九州考古学会、6-10頁

日本考古学協会西北九州綜合調査特別委員会　1962「島原半島の考古学的調査第二次概報（昭和36年度）」『九州考古学』第14号、九州考古学会、3-10頁

日本考古学協会洞窟遺跡調査特別委員会　1967『日本の洞穴遺跡』平凡社

発掘者談話会　2012『麻生優と発掘者談話会』

春成秀爾　2022「芹沢長介の旧石器研究と学問精神」『日本考古学史研究』第 10 号、11‐45 頁

東彼杵町誌編纂委員会編　1999『東彼杵町誌水と緑と道』上巻、東彼杵町

「聖嶽」名誉棄損訴訟弁護団編　2010『聖嶽事件』雄山閣

福岡大学人文学部考古学研究室　2005『森貞次郎先生寄贈資料目録 1』福岡大学考古学研究室研究調査報告第 4 冊

藤沼邦彦・小山有希　1997「原始工芸・アイヌ工芸の研究者としての杉山寿栄男（小伝）〔含　年譜・著作解題〕」『東
　　北歴史資料館研究紀要』23、宮城県

古田正隆　1969『筏遺跡の調査報告』『筏遺跡発掘調査報告』長崎県立国見高等学校社研部　国見町教育委員会

古田正隆　1973『山の寺梶木遺跡―長崎県南高来郡深江町山の寺梶木遺跡の報告―』百人委員会埋蔵文化財報告第 1
　　集、昭和堂印刷

古田正隆　1974『島原市の海中干潟遺跡―島原市三会下町・安中中南・大手浜・長浜―』百人委員会埋蔵文化財報告
　　第 2 集、百人委員会

古田正隆　1974『重要遺跡の発見から崩壊までの記録』百人委員会埋蔵文化財報告第 3 集、昭和堂印刷

古田正隆　1977『礫石原遺跡―縄文晩期農耕生産文化の姿相―』百人委員会埋蔵文化財報告第 7 集、百人委員会

古田正隆　1981『大手浜遺跡調査報告書』島原市教育委員会

古田正隆　1984『宅地造成に伴う中田遺跡調査概要』有明町教育委員会

古田正隆　1986『大野原遺跡の一部地目変更に伴う研究調査報告』大野原遺跡調査団・有明町教育委員会

古田正隆　1986『長貫遺跡緊急調査速報』島原市教育委員会

古田正隆　1987『灰の久保遺跡調査速報』有明町教育委員会

古田正隆　1987『松尾、山之内線道路改良工事に伴う調査概要』有明町教育委員会

古田正隆　1988『広域北部地区埋蔵文化財発掘調査概要（灰の久保遺跡）』有明町教育委員会

古田正隆・諫見富士郎・吉田安弘　1984『大野原遺跡調査概要』有明町教育委員会

古田正隆・諫見富士郎・吉田安弘　1985『昭和 60 年度　大野原遺跡調査概要』有明町教育委員会

別府大学史学研究会編　2002『史学論叢』32、別府大学史学研究会

ボルド, F. 著　芹沢長介・林　謙作訳　1971『旧石器時代』世界大学選書、平凡社

間壁忠彦・間壁葭子　2010『倉のうちそと六十年：倉敷考古館』倉敷考古館

間壁忠彦・間壁葭子「福井洞窟の井戸掘り」『倉敷よもやま話』倉敷考古館 HP

間壁忠彦・間壁葭子　1992『二人二脚の考古学　間壁忠彦・間壁葭子先生還暦記念著作目録』山本雅靖

間壁忠彦・間壁葭子「ことのはじまり―「…それでは　何だ」（第 1 回～第 38 回）『考古学の履歴書』アルカ通信

間壁葭子　2019「間壁忠彦とは」『兵庫考古第 16 号』兵庫考古研究会

松尾禎作　1957『北九州支石墓の研究』松尾禎作先生還暦記念事業会

松岡　史　1958「佐賀県綿打遺跡調査概要（昭和 33 年西日本史学会春季大会発表要旨 1958 年 6 月 7・8 日）」『九州考
　　古学』5・6 号、九州考古学会

松岡　史・増本正彦・中原志外顕・渡辺正氣　1959「北九州の無土器文化予報（昭和 33 年西日本史学会秋季大会発表
　　要旨 1958 年 11 月 30 日）」『九州考古学』7・8 号、九州考古学会

松藤和人　1987「海を渡った石器 " 剥片尖頭器 "」『花園史学』8

水ノ江和同編　2020『日本の洞窟遺跡―過去現在未来―』『季刊考古学』151、雄山閣

森貞次郎　1983『九州の古代文化』六興出版

吉井町郷土史編集委員会編　1991『ふるさとの歴史・吉井町』吉井町教育委員会

渡邊正氣・佐伯弘次・山口輝臣　2010「第 1 章　法文学部国史学研究室　文学部考古学研究室での研究生活」『九州
　　帝国大学法文学部の国史学：渡邊正氣オーラルヒストリー』九州大学文学部、32‐35 頁

著者紹介 （掲載順）

栁田裕三 （やなぎた　ゆうぞう）　　佐世保市教育委員会文化財課

髙橋央輝 （たかはし　ひろき）　　佐世保市教育委員会文化財課

中島眞澄 （なかしま　ますみ）　　佐世保史談会会長

石田成年 （いしだ　なりとし）　　佐世保市教育委員会文化財課

伴　祐子 （ばん　ゆうこ）　　公益財団法人倉敷考古館

德澤啓一 （とくさわ　けいいち）　　岡山理科大学教授

久村貞男 （ひさむら　さだお）　　佐世保市文化財審査委員会委員長

野田千輝 （のだ　ちき）　　伊万里市教育委員会生涯学習課

岩永雅彦 （いわなが　まさひこ）　　多久市教育委員会教育振興課

辻田直人 （つじた　なおと）　　雲仙市教育委員会生涯学習課

本多和典 （ほんだ　かずのり）　　南島原市教育委員会文化財保護推進室

山下祐雨 （やました　ゆう）　　島原市教育委員会社会教育課

清水宗昭 （しみず　むねあき）　　大分県考古学会会長

間壁葭子 （まかべ　よしこ）　　元・公益財団法人倉敷考古館

川道　寛 （かわみち　ひろし）　　西海市大瀬戸歴史民俗資料館

溝上隼弘 （みぞかみ　としひろ）　　佐世保市教育委員会文化財課

川内野篤 （かわちの　あつし）　　佐世保市教育委員会文化財課

松尾秀昭 （まつお　ひであき）　　佐世保市教育委員会文化財課

中原彰久 （なかはら　あきひさ）　　佐世保市教育委員会文化財課

富岡直人 （とみおか　なおと）　　岡山理科大学教授

杉原敏之 （すぎはら　としゆき）　　福岡県教育庁文化財保護課

小菅将夫 （こすげ　まさお）　　岩宿博物館

下川達彌 （しもかわ　たつや）　　活水女子大学特別教授

連携企画展『洞窟と考古学者』とその図録である本書は、佐世保市教育委員会・岡山理科大学の共同研究事業「福井洞窟の研究」の成果の一部であり、柳田裕三（佐世保市教育委員会）・伴祐子（倉敷考古館）・德澤啓一（岡山理科大学）が企画・編集した。

協力者一覧 (50音順)

ご協力いただきました皆様に心から謝意を表します。
写真及び資料等提供者、依頼者、共同研究者及び機関に限ります。
この他にも様々な先生方にご支援ご協力を頂きました。記して感謝申し上げます。

相澤千恵子, 安蒜政雄, 伊﨑俊秋, 石川日出志, 大塚和義, 大塚達朗,
越知睦和, 鹿又喜隆, 忽那敬三, 鎌木和久, 亀田修一, 小林達雄,
佐川正敏, 芝 康次郎, 下田章吾, 島田和高, 庄田慎矢, 白石 純,
杉原重夫, 瀬尾俊郎, 芹沢恵子, 高橋進一, 高橋 護, 德田誠志,
朝長圭子, 冨樫泰時, 長尾真由美, 平口哲夫, 福永将大, 萩原博文,
松瀬泰造, 松瀬慎一, 村上夏希, 森先一貴, 米田 穰

相澤忠洋記念館, 朝日新聞社, 岩宿博物館, 岡山理科大学博物館学芸員課程, 大阪府教育委員会, 大村市立図書館, 岸和田市教育委員会, 九州考古学会, 九州大学考古学研究室, 国立歴史民俗博物館, （公財）佐世保観光コンベンション協会, 佐世保史談会, 東北大学文学研究科・東北大学大学院文学研究科, 東北歴史博物館, 津南町教育委員会, 西日本新聞社, 文化庁, 東彼杵町歴史民俗資料館, 福井洞窟整備検討委員会, 明治大学博物館, ミライON図書館, 八尾市教育委員会

後援：一般社団法人日本考古学協会, 伊万里市教育委員会, 雲仙市教育委員会, 島原市教育委員会, 多久市教育委員会, 南島原市教育委員会, 東彼杵町教育委員会

《検印省略》2023年1月25日　初版発行

洞窟と考古学者
遺跡 調 査の足跡と成果

編者

福井洞窟ミュージアム・公益財団法人倉敷考古館

発行者

宮田哲男

発行所

株式会社 雄山閣

〒102-0071　東京都千代田区富士見2-6-9

Ｔｅｌ：03-3262-3231

Ｆａｘ：03-3262-6938

URL：http://www.yuzankaku.co.jp

e-mail：info@yuzankaku.co.jp

振　替：00130-5-1685

印刷・製本

株式会社ティーケー出版印刷

ISBN978-4-639-02882-6　C0021
N.D.C.210　116p　21cm